ADAC Reiseführer

Barcelona

von Veronika Schroeder

Intro

Unterwegs

EGO SVM
LVX MVNDI

La Flora

Karten und Pläne

Service

Leserforum

Die Meinung unserer Leserinnen und Leser ist wichtig, daher freuen wir uns von Ihnen zu hören. Wenn Ihnen dieser Reiseführer gefällt, wenn Sie Hinweise zu den Inhalten haben – Ergänzungs- und Verbesserungsvorschläge, Tipps und Korrekturen – dann kontaktieren Sie uns bitte:

Redaktion ADAC Reiseführer
ADAC Verlag GmbH
Am Westpark 8, 81365 München
Tel. 089/76 76 41 59
verlag@adac.de
www.adac.de/reisefuehrer

Barcelona Impressionen

Kreative Metropole zwischen Modernisme und Moderne

Barcelona zieht an: Künstler und Kunstbegeisterte, Modedesigner und Fashionvictims, Fußballfans und Filmstars, Nachtschwärmer und Tagträumer. Jedes Jahr besuchen rund 7 Mio. Menschen aus aller Welt die Metropole am Mittelmeer und bestaunen die grandiose Architektur Antoni Gaudís oder die farbenfrohen Skulpturen Joan Mirós. Ausgedehnte Shopping-Touren durch die unzähligen Boutiquen der Stadt sind ebenso beliebt wie lange Nächte auf den Tanzflächen durchgestylter Diskotheken. Wer es beschaulicher mag, genießt bei Tapas und einem Glas Rotwein den milden Abend auf einem der schönen Plätze der Stadt.

Pulsierende Stadt auf engstem Raum

Barcelona ist vielgestaltig und schillernd, abweisend und einladend zugleich, uralt und immer wieder prickelnd jung. Es besitzt sowohl melancholische Steinwüsten wie auch anheimelnde Viertel. In erster Linie ist Barcelona jedoch eine quicklebendige Metropole auf engstem Raum. Bis ins 19. Jh. war sie in das längst zu eng gewordene Korsett einer mittelalterli-

chen Stadtmauer gepresst. Reaktion auf diese allzu lange Einschränkung war eine sprunghafte **Stadterweiterung** (Eixample), geplant in großzügigem Rastersystem. Gebaut wurde jedoch keineswegs nüchtern, sondern mit sichtlicher Liebe zum Prunk, zur Repräsentation. Nicht allein neu gewonnener Reichtum wurde

zur Schau gestellt, sondern die eigene Geschichte alles andere als schulmeisterlich trocken aufbereitet. Begeisterung und Fantasie beflügelten Architekten und Bauherren und ließen so eine eigene

Oben: *Antoni Gaudís schwungvolle Dachlandschaft des Modernisme: Casa Batlló*
Mitte: *Kulinarische Verlockungen bieten Barcelonas Tapas Bars wie die Xampañeria*
Links: *Direkt am Hafen beginnt die Flaniermeile Les Rambles und schlängelt sich dann durch die Altstadt*

Jugendstilstadt entstehen. Kunstvoll vereint der barcelonische Modernisme das raffiniert verschlungene Linienspiel maurischer Kunst mit den kräftigen Formen des christlichen Mittelalters.

Barcelona ist seit 1977 wieder stolze **Hauptstadt der autonomen Provinz Katalonien**, vom Rest des Landes beneidet wegen seines hohen Bruttosozialproduktes und belächelt wegen seines halsstarrigen Regionalismus. Katalanisch ist die erste Sprache in der Öffentlichkeit, oft zum Leidwesen der Touristen.

Spaniens Tor nach Westeuropa

Nicht erst mit den **Olympischen Sommerspielen** im Jahre 1992 erwarb die Stadt Aufmerksamkeit und Anerkennung.

Barcelona war schon immer Spaniens Tor nach Westeuropa, sein Bürgertum stark an Frankreich orientiert. Die katalanische Metropole ist Spaniens Kreativstadt. Im kühlen, durch und durch gestylten **Design à la Barcelona** prangen Spitzenrestaurants und Nobeldiskotheken. Katalanischer Formgestaltung gebührt der erste Platz innerhalb des viel gerühmten spanischen Designs. Nicht nur in Boutiquen und auf den bedeutenden Modeschauen, sondern auch an so mancher Barcelonesin sind – mal hochelegant, mal schrill und grell – die neuesten Kreationen der hiesigen **Modedesigner** zu bewundern.

Auch Barcelona selbst verstand es seit jeher, sich herauszuputzen, sich ganz als Dame von Welt zu präsentieren. Eine Anzahl prunkvoller Bauten, vom Mittelalter bis ins 20. Jh., berichtet hiervon. Da die lebendige Kapitale Kataloniens aber auch heute noch immer mehr Raum benötigt, wird vielerorts äußerst geschickt neu gebaut und neu genutzt. In alten Gemäuern sind oftmals **moderne Kultur- und Kunstinstitutionen** tätig. Eines der schönsten und schlichtesten Beispiele neuerer katalanischer Architektur ist das

Oben: *Beliebter Treffpunkt in Barcelona ist die Palmen bestandene Plaça Reial*
Links: *Im Aquarium an der Moll de Fusta bietet ein Kunststofftunnel, der durch das Becken führt, phänomenale Einblicke in die Unterwasserwelt*
Rechts: *Die prachtvolle Sagrada Família ist Gaudís unvollendetes Meisterwerk*

Joan-Miró-Museum auf dem Montjuïc. Höchste internationale Anerkennung hat das Projekt ›**Neue Plätze und Parks**‹ für die im Autoverkehr erstickende Stadt gewonnen. Junge Architekten versuchen seit etlichen Jahren und mit beachtlichem Erfolg, Stadtraum mit verschiedenen Mitteln prägnant zu gestalten.

Spuren der Geschichte

Eine Stadtbesichtigung sollte der geschichtlichen Entwicklung Barcelonas folgen und in der **Altstadt** beginnen. Die **Rambles**, eine fast 2 km lange Platanenallee, die von der Plaça Catalunya bis hinunter zum Hafen führt, ist zweifellos die Pulsader der Metropole. Zu beiden Seiten dieser Promenade lohnen Abstecher in die Altstadtteile **Raval** (Barri Xino) und **Barri Gòtic**. Auf der anderen Seite der Via Laietana, die seit Anfang dieses Jahrhunderts das Barri Gòtic vom Barri La Ribera trennt, liegt rund um die Markthalle des Born der Bezirk der neuen Galeristen. Daneben führt der ehem. Fischerbezirk **La Barceloneta** zwischen Hafenbecken und Sandstrand zum Meer. Hier lohnt ein Besuch der zahlreichen Fischbratküchen und ein Spaziergang, entweder entlang der Hafenpromenade **Moll de la Fusta** mit Palmen, Jachten, Bänken und Designerbars zu den Rambles, oder in der entgegengesetzten Richtung am Stadtstrand entlang. Dieser, früher von Fabrikanlagen begrenzt, zieht sich bis zum Olympischen Dorf und weiter bis zum Fluss Besòs.

An der Mündung des Flusses und nahe der Gemeindegrenze zu Sant Adrià de

Links: *Gewagte Akrobatik – Turner als Menschenturm beim Stadtfest La Mercè*
Unten: *Mondfantasien – Designerbar Torres de Avila mit Dachterrasse*
Rechts oben: *Das Museu Nacional d'Art de Catalunya findet man im Palau Nacional*
Rechts Mitte: *Auf bunte, Wasser speiende Echsen trifft man im Parc Güell*
Rechts unten: *Den Strand La Barceloneta ziert das Kunstwerk ›Homage to Barceloneta‹ (1992) von Rebecca Horn*

Besòs gestaltete Barcelona zu Beginn des 21. Jh. ein 250 ha großes Küstenareal zu einem ganz neuen Stadtviertel um, kurz **Forum** genannt. Zentrum ist der gleichnamige dreieckige Platz am Meer, umgeben von Hochhäusern, Parks, Sportanlagen sowie dem teilweise auf aufgeschüttetem Neuland errichteten riesenhaften Kongress- und Ausstellungszentrum *Forum Universal de les Cultures*. Von hier aus nimmt nun die Avinguda Diagonal ihren Weg westlich durch die großzügig angelegte **Neustadt** (Eixample) mit ihren schachbrettartig verlaufenden Straßen, ein lebhaftes Geschäftszentrum und eine Schatzkiste des katalanischen Jugendstils, des Modernisme. Häuser der katalanischen Architekten Antoni Gaudí, Josep Puig i Cadafalch und Lluís Domènech i Montaner sind an jeder zweiten Straßenecke zu bewundern. Mitten durch dieses Viertel führt der Prachtboulevard **Passeig de Gràcia**. Gaudí-Liebhaber und Freunde des Modernisme können in

nordöstlicher Richtung zahlreiche weitere Entdeckungen machen: Parc Güell, Sagrada Família und Hospital de Santa Creu i Sant Pau sind mit öffentlichen Verkehrsmitteln bequem zu erreichen.

Weniger pompös geht es in den beschaulichen Stadtteilen **Gràcia** und **Sarrià** zu. Um die Wende vom 19. zum 20. Jh. waren diese beiden Bezirke noch eigenständige Gemeinden. Ihre Eigenart konnten sie bis heute in vielerlei Hinsicht bewahren. Wer im Anschluss an die brodelnde Lebhaftigkeit des Stadtzentrums Ruhe sucht, sollte einen Spaziergang durch die Stadtteile **Sant Gervasi**, **Bonanova** oder **Pedralbes** unternehmen. Schöne Villenhäuser und üppige, mediterrane Vegetation charakterisieren diese Wohnviertel. Stadtplaner und Architekten können auf den neu angelegten Plätzen, Brücken und Umgehungsstraßen der Peripherie einiges über die gelungene Umgestaltung einer modernen Großstadt lernen.

Der Reiseführer

Dieser Band stellt in neun Kapiteln alle wichtigen Sehenswürdigkeiten Barcelonas vor. **Stadtpläne** in den Umschlagklappen erleichtern die Orientierung. Die **Top Tipps** heben besondere Attraktionen, Hotels und Restaurants hervor. **Barcelona aktuell A bis Z** enthält praktische Hinweise zu Reisevorbereitung, Einkaufen, Essen und Trinken, Ausgehen usw. Hinzu kommt ein praktischer **Sprachführer** in Spanisch und Katalanisch. Das **Kaleidoskop** interessanter Kurzessays rundet den Reiseführer ab.

Geschichte, Kunst, Kultur im Überblick

Von Maurenmacht und Reconquista, Bürgerstolz und Selbstbestimmung

Ein Grabfund im Carrer Muntaner ist Zeugnis für eine Besiedlung des Gebietes von Barcelona in der Steinzeit.

11.–5. Jh. v. Chr. Siedlungen der Iberer, die sich ab dem 7. Jh. mit von Norden eindringenden Kelten vermischen. Um 500 v. Chr. treffen die sogenannten Keltiberer mit phönizischen und griechischen Siedlern zusammen.

218 v. Chr. Der Legende nach gründet der Karthager Hamilcar Barca das antike Barcino, das spätere Barcelona.

133 v. Chr. Cornelius Scipio gründet die römische Kolonie ›Faventia Julia Augusta Pia Barcino‹, die zu der Provinz Hispania Citerior gehört, Hauptstadt ist Tarraco (heute: Tarragona).

2. Jh. n. Chr. Barcino hat mehr als 10 000 Einwohner und wird rasch christianisiert.

4. Jh. Die erste Stadtmauer wird angelegt (in Teilen heute noch erhalten).

415 Barcelona wird unter König Athaulf Hauptstadt des westgotischen Reiches. Mit der Verlagerung des westgotischen Hofes 534 nach Toledo verliert Barcelona jedoch seine hervorragende Bedeutung.

717/718 Besetzung durch die Mauren.

801 Eroberung durch die Franken unter Führung Ludwigs des Frommen. Barcelona wird Hauptstadt der Spanischen Mark, die von Pamplona über Barcelona bis zum oberen Ebro (Tortosa) reicht und die Grenze zwischen christlichem Europa und maurischem Spanien bildet.

879–97 Der fränkische Graf Wilfredo el Velloso (der Behaarte) begründet die selbstständige Dynastie der Grafen von Barcelona.

985 Maurische Truppen fallen unter Al-Mansur in die Stadt ein und hinterlassen zahlreiche Zerstörungen.

11. Jh. Ramón I. Berenguer (1018–1035) und Ramón Berenguer I. el Viejo (der Alte) (1035–1076) erringen die Oberherrschaft Barcelonas über die restlichen Grafschaften der Spanischen Mark, die in ihrer geografischen Ausdehnung etwa dem zukünftigen Katalonien entspricht.

1046–58 Unter Graf Ramón Berenguer el Viejo und seiner Gattin Almodis wird die romanische Kathedrale Barcelonas errichtet. Sie ist Zeichen der neuen Hauptstadtwürde. Barcelona hat zu dieser Zeit etwa 20 000 Einwohner und wächst über seine wieder hergestellten Mauern hinaus.

1137 Die Eheschließung zwischen Ramón Berenguer IV. (1131–1162) und Petronella von Aragon, der Thronerbin des Nachbarstaates, begründet die Dynastie der Grafen von Barcelona und Könige von Aragon. Barcelona expandiert zu einer bedeutenden Mittelmeermacht, Genua und Venedig ebenbürtig. Die Katalanen betreiben im gesamten Mittelmeerraum schwungvollen Handel, ihr Einfluss erstreckt sich von Valencia über Sizilien, Sardinien und Korsika bis nach Griechenland.

1213–76 Unter Jaume I. el Conquistador (der Eroberer) werden die Balearen (1229, 1235) und Valencia (1238) unter dem Banner der Reconquista von den Mauren zurückerobert. Barcelona vergrößert sich sprunghaft, eine zweite Stadtmauer wird gebaut, die die Viertel um Sant Pere Mes Alt und Santa Maria del Mar einschließt, der Hafen wird angelegt. Barcelona erhält das Stadtrecht. Es beginnt eine Blütezeit, die bis zum Ende des 14. Jh. andauert und eine reiche Patrizierschicht hervorbringt.

1258 In Barcelona wird der erste Seehandelskodex formuliert. Dieser wird später im ganzen Mittelmeerraum übernommen.

1276–85 Pere II. el Grande (der Große) rundet die mittelmeerischen Eroberungen der barcelonesischen Dynastie mit Sizilien (1282) ab, das bis zum 15. Jh. zu Barcelona gehört. Er veran asst den Bau der heute noch erhaltenen Werft.

1291–1327 Höhepunkt der mittelalterlichen Kultur in Barcelona unter der Herrschaft von Jaume II. el Justo (der Gerechte). In dieser Zeit wird mit dem Bau der meisten großen gotischen Kirchen der Stadt begonnen.

1329 Alfons III. (reg. 1327–36) legt nach der Eroberung Sardiniens den Grundstein zu der Kirche Santa Maria del Mar.

1336–87 Pere IV. el Ceremonioso (der Zeremoniöse) führt die Eroberungspolitik zu Ende und erkämpft die Oberherrschaft über Griechenland. Er lässt den größten Teil des Palau Reial Major errichten (Salò Tinell), stellt die Reials Drassanes (Königliche Werft) fertig und umgibt die Stadt mit einer dritten Mauer, die das Viertel El Raval jenseits der Rambles mit einschließt.

1365 Barcelona hat fast 34 500 Einwohner. Gegen Ende des 14. Jh. führen die fortgesetzten Kriege mit Kasti-

Für die spanische Krone: Christoph Kolumbus ergreift 1492 Besitz von der Insel Haiti ▷

lien zum wirtschaftlichen Niedergang der Stadt. Es ist die Zeit der Judenpogrome, mit denen auch die Abwanderung vieler Händler beginnt. Kastilien erwirbt die wirtschaftliche Vormacht durch seinen Getreidereichtum und den Wollexport in die Niederlande.

1401 Martí I. el Humano (der Mitmenschliche, reg. 1396–1410), letzter König aus der direkten Linie der Dynastie von Barcelona, legt den Grundstein zu dem Hospital de Santa Creu i Sant Pau (heute Staatsbibliothek).

1442 Alfons IV. el Magnánimo (der Großherzige) (1416–1458) erobert Neapel und lässt den Palau de la Generalitat (Katalanische Landesregierung) bauen.

Politisch kraftvolle Verbindung: Isabella von Kastilien und Ferdinand von Aragón

1450 Gründung der ersten Universität in Barcelona an den Rambles.

1469 Die Heirat zwischen Ferdinand von Aragon und Isabella von Kastilien, den Katholischen Königen, legt den Grundstein für die Einigung Spaniens und seinen Aufstieg zu einem Weltreich, ›in dem die Sonne niemals untergeht‹. Gleichzeitig markiert die Hochzeit den Anfang vom Ende der katalonischen Eigenstaatlichkeit.

1493 Das Königspaar empfängt Christoph Kolumbus bei seiner Rückkehr von der ersten Amerikareise.

16. Jh. Unter den Habsburgern wird Katalonien zu einer wirtschaftlichen Randzone Europas. 1518 werden ›Las Indias‹ zum Besitz der kastilischen Krone erklärt, wodurch Barcelona vom Handel mit der Neuen Welt ausgeschlossen wird. Brückenköpfe Spaniens für den Handel sind nun Sevilla und Cádiz.

1519 Karl V. (1500–1558) betritt nach Jugendjahren in den Niederlanden Barcelona als erste Stadt seines spanischen Reiches.

1556–1621 Auch unter Karls Sohn Philipp II. und Enkel Philipp III. sind die Beziehungen zwischen Katalonien und Kastilien gut. Katalonien behält die Autonomie und seine eigenen Institutionen.

1640–53 Bei der ›Guerra de les Segadors‹ (Krieg der Schnitter), einem Aufstand gegen die kastilische Zentralregierung, wird der spanische Vizekönig ermordet. Als Antwort lässt Graf Olivares im Auftrag von Philipp IV. kastilische Truppen in Katalonien einmarschieren, die rasch gegen Barcelona vorrücken. Die Stadt bittet Frankreich um Hilfe. Ludwig XIII. wird zum Grafen von Barcelona ernannt. Die katalanisch-französischen Truppen siegen am 26. Januar 1641 in der Schlacht am Montjuïc. Erst 1651 erobert eine kastilische Armee Barcelona und beendet den Aufstand. Gegen eine Generalamnestie wird Katalonien 1653 der kastilischen Oberhoheit unterworfen.

1701–14 Im Spanischen Erbfolgekrieg stellt sich Barcelona auf die Seite des späteren Verlierers, Erzherzog Karl von Österreich, gegen Philipp V. von Bourbon. Nach 13-monatiger Belagerung erobert dieser die Stadt am 11. September 1714 (heute höchster nationaler Feiertag, La Diada). Als Strafe und zur Überwachung lässt er von Festungsbaumeister Prósper de Verboom die Zitadelle errichten, für die ein Stadtteil abgerissen wird.

1716 Katalonien sinkt zur spanischen Provinz ab, mit Ausnahme von Menorca (seit 1708 unter englischer Herrschaft).

1778 Karl III. (reg. 1759–88) beendet das Seehandelsmonopol Sevillas und befreit so Barcelona von der über 200 Jahre andauernden wirtschaftlichen Res-

Spanischer Bürgerkrieg 1936: Barcelona ist lange eine Hochburg der Anarchisten

triktion. Der neue amerikanische Markt lässt in Barcelona die Baumwoll- und Textilindustrie aufblühen.

1808–14 Der wirtschaftliche Aufschwung Kataloniens wird durch die Invasion Napoleons unterbrochen.

1812 Mit der Ausrufung der ersten spanischen Verfassung in Cádiz verliert Katalonien seine letzten Freiheiten.

1835 Säkularisierung.

1843–68 Unter der Regierung Isabellas II. wächst die Prosperität des Bürgertums. Im Laufe des 19. Jh. entwickelt sich ein starkes katalanisches Nationalbewusstsein in allen Bevölkerungsschichten (Renaixença). Ausdrucksmittel sind Kunst, Literatur und Architektur.

1848 Die erste spanische Eisenbahn fährt zwischen Barcelona und Mataró.

1854 Die seit langem zu eng gewordenen Stadtmauern dürfen mit Zustimmung der spanischen Regierung abgerissen werden. An ihrer Stelle entstehen Rondas (Avenuen), die den Umfang des alten Barcelona gut am Stadtplan ablesen lassen.

1859 Die Stadt genehmigt die Ausführung eines Stadtentwicklungsplanes, an dem der Bauingenieur Ildefons Cerdà seit 1855 gearbeitet hatte. Auf Grundlage dieses Entwurfs wächst rasch eine Neustadt zwischen der Altstadt und dem Dorf Gràcia, die sogenannte Eixample. Sie ist nicht nur stark vom Stil des Modernisme geprägt, sondern wird zum größten Jugendstilviertel Europas. Die drei bedeutendsten Architekten des Modernisme sind Antoni Gaudí (Sagrada Família, Casa Batlló, Casa Milà), Lluís Domènech i Montaner (Palau de la Música Catalana, Casa Lleó Morera) und Josep Puig i Cadafalch (Casa de les Punxes, Casa Amatller, Palau Baró Quadras). Anfang des 20. Jh. entstehen interessante Ansätze zu Planungen von Gartenstädten nach englischem Vorbild (Gaudí: Parc Güell; Domènech i Montaner: Hospital de Santa Creu i Sant Pau).

1887 Barcelona hat 500 000 Einwohner.

1888 Die erste Weltausstellung markiert die Entwicklung Barcelonas zur Großstadt. Sie findet auf dem Areal der 1868 abgetragenen Zitadelle statt, in einer großzügigen Parkanlage (Parc de la Ciutadella) mit interessanten modernistischen Ausstellungspavillons.

1893 Katalanische Anarchisten werfen eine Bombe ins Teatre del Liceu.

Anfang des 20. Jh. Organisation der Arbeiterbewegung in verschiedenen Gruppierungen: Sozialisten (UGT) und Anarchisten (CNT).

1909 Arbeiteraufstand.

1925 Die vermögendsten Geschäftsleute von Barcelona übereignen Alfonso XIII. (1902–31) den neu erbauten Palau Reial de Pedralbes als Geschenk.

1929 Für die zweite große Weltausstellung auf dem

Der spanische Staatschef General Franco mit seinem designierten Nachfolger Prinz Juan Carlos bei einer Militärparade 1970

Schwungvolle Eröffnung der XXV. Olympischen Sommerspiele 1992 in Barcelona

Montjuïc werden verschiedene Parks angelegt, Spanien errichtet ein pompöses Ausstellungsgebäude, das heute das weltberühmte Museu Nacional d'Art de Catalunya beherbergt. Den deutschen Pavillon entwirft Ludwig Mies van der Rohe.

1931 Die Linke setzt erstmals einen katalanischen Autonomiestatus und eine Regionalregierung (Generalitat) durch.

1936 Kirchensturm – zahlreiche Gotteshäuser werden in Brand gesetzt und schwer beschädigt.

1936–39 Grausamer Bürgerkrieg. Barcelona ist Hochburg der Anarchisten, Sozialisten und Kommunisten. Eine Volkserhebung verhindert die rasche Eroberung der Stadt durch die Faschisten.

1938 General Francisco Franco marschiert in Katalonien ein und erklärt die autonome Regierung für abgesetzt.

26. Januar 1939 Franco erobert Barcelona. Katalanische Kultur und (Schrift-) Sprache werden verboten. Nur die Mönche des Klosters Montserrat dürfen die Schriftsprache weiter benutzen, sie tradieren sie 40 Jahre lang.

Ende der 1950er-Jahre Es entsteht die gewaltlose katalanische Autonomiebewegung (Protestlieder ›Nova Cancó‹).

1975 Tod Francos. Juan Carlos, der Enkel des 1931 abgedankten Königs Alfonso XIII., wird zum König ausgerufen.

29. September 1977 Die Generalitat wird wieder als Landesregierung eingesetzt, Barcelona ist erneut Regierungssitz der Autonomen Provinz Katalonien.

1979 Katalonien erhält (wie das Baskenland) ein Autonomiestatut: Recht auf eigenes Parlament, eigene Polizei, Justiz, TV- und Radiokanäle, Sprache, Erziehungswesen in eigener Verantwortung, beschränkte Finanzhoheit.

1980er-Jahre Das Projekt ›Neue Plätze und Parks‹ beginnt.

1992 Austragung der XXV. Olympischen Sommerspiele an verschiedenen Schauplätzen in und um Barcelona. Veranstaltungszentrum ist erneut der Montjuïc.

1997 Heirat der Infantin Cristina mit dem baskischen Sportler Iñaki Urdangarin in der Kathedrale von Barcelona.

2002 Anlässlich des 150. Geburtstages von Antoni Gaudí ruft Barcelona das ›Internationale Gaudí-Jahr‹ aus.

2004 Im April verurteilt der Stadtrat Stierkämpfe in Barcelona, sie finden dennoch weiter statt. – Eröffnung des Kongress- und Ausstellungsareals Forum Universal de les Cultures.

2006 Ab 1. Januar ist das Rauchen in allen öffentlichen Räumen sowie in Restaurants, Bars und Diskotheken Spaniens verboten.

2008 Der Hochgeschwindigkeitszug AVE verbindet Barcelona mit Madrid in 2,5 Stunden.

Der FC Barcelona feiert den Gewinn der Champions League 2006

Juwelen modernistischer Architektur am Passeig de Gràcia – Casa Amatller und Casa Battló

Unterwegs

Barri Gòtic – Flair des Mittelalters im historischen Stadtzentrum

Der Eroberungsdrang der Grafen von Barcelona und Könige von Aragon machte das mittelalterliche Herrscherhaus zu einer bedeutenden **Macht am Mittelmeer**. Auf dem Höhepunkt der Expansionspolitik im 14. Jh. reichten Barcelonas Besitzungen von Valencia über die Balearen bis nach Sizilien und Griechenland. Die reiche Seehandelsstadt verstand es, sich künstlerisch angemessen zu präsentieren und baute, damals ganz ›modern‹, im gotischen Stil. Im Barri Gòtic, dem **gotischen Viertel** und **historischen Stadtkern**, eng um die Kathedrale gedrängt, stehen heute noch zahlreiche schöne architektonische Zeugnisse der mittelalterlichen Königs- und Handelsstadt. In den Fenster- und Türrahmungen, den Wasserspeiern hoch oben unter den Traufen, den Kapitellen und Friesstreifen eröffnet sich eine eigene Welt aus Drachen und Meerweibchen, wilden Männern und Mischwesen. Viele Häuser sind restauriert, einige wurden von anderer Stelle hierherversetzt. Trotzdem bleibt man gefangen von dem besonderen Flair dieses verwinkelten, lebendigen Viertels, einem der geschlossensten und unversehrtesten gotischen Bauensembles Europas.

1 Pla de la Seu

Sonntags ein feierlicher Tanzplatz, zu Weihnachten ist hier Krippenmarkt.

Metro L4: Jaume I

Der kleine Platz direkt vor der Westfassade der Kathedrale entstand 1421/22, als einige Kanonikerhäuser zusammen mit einem Teil der römischen Stadtmauer abgerissen wurden. Den erhaltenen Abschnitt der römischen **Stadtmauer**, unterbrochen in regelmäßigen Abschnitten von hohen, rechteckigen Türmen, kann man von hier gut verfolgen. Wo heute die Avinguda de la Catedral entlangführt, stand bis zur Stadtsanierung 1943 eine Reihe schöner mittelalterlicher Häuser. Zu ihnen gehörte auch das *Zunfthaus der Schuhmachergilde* mit einer eleganten Renaissance-Dekoration, das heute an der kleinen Plaça Sant Felip Neri [Nr. 16] steht.

Auf der Pla de la Seu findet alljährlich am 8. Dezember die Fira de Santa Llucía (Markt der hl. Lucia) statt, mittlerweile ist daraus ein richtiger *Weihnachtsmarkt* (8. bis 24. Dezember) geworden. Das ganze Jahr hindurch wird jeden Sonntagmittag auf dem Platz die *Sardana* [s. S. 20] zu den eigentümlich schrillen und monotonen Klängen der Cobla getanzt. Die Cobla ist eine elfköpfige Musikkapelle, geführt von Einhandflöte (Flabiol), Einhandtrommel (Tamborí) und einer Art Dudelsack (Gralla). Jung und alt gesellt sich hier zum Reigentanz zusammen, ernst und konzentriert. Emotionen werden erst im Schlussruf laut – »Viva«.

2 La Catedral *Plan Seite 22*

Die reiche Ausstattung der großartigen Kirche versammelt Glanzstücke gotischer Tafelmalerei, Schnitz- und Bildhauerkunst.

Pla de la Seu
Tel. 933 15 15 54
www.catedralbcn.org
Mo–Sa 13–17, So 14–17 Uhr
Museu de la Catedral: tgl. 10–12.30 und 17.15–19 Uhr
Metro L4: Jaume I

Am 5. Mai 1298, dem Fest der Kreuzauffindung Christi, wurde der *Grundstein* zu der gotischen Kathedrale gelegt. Der damalige Neubau wurde am Portal de Sant Iu begonnen und bezog Reste verschiedener Vorgängerbauten ein: eine Basilika aus dem 6. Jh., halb zerstört 985 durch den Maureneinfall unter Al-Mansur, und

Himmelstrebendes Dreigetürm auf der Pla de la Seu: der gotische Bau der Kathedrale mit der erst im 19. Jh. vorgeblendeten imposanten Westfassade

die romanische Basilika, errichtet unter Ramón Berenguer I. el Viejo (1035–76), geweiht 1058. Über die Baumeister der Kathedrale und über einen ursprünglichen **Gesamtplan** ist wenig bekannt: Ab 1317 wurden die Arbeiten von *Jacobus Faber* (Jaume Fabre) geleitet, er begann mit der Apsis. 1337 wurde der Hauptaltar geweiht. 60 Jahre später plante *Arnau Bargués* den Kapitelsaal. 1413 wurde unter *Bartolomeu Gual* das Fundament für das ›Cimborio‹ (das Kuppelgewölbe über dem ersten Mittelschiffjoch) gelegt. 1448 schloss *Andreu* (Andrés) *Escuder* die letzte Wölbung des Kreuzgangs. Damit war der Baukomplex in seinen wichtigsten Teilen fertiggestellt.

Der *Glocken-* und der *Uhrturm* über dem Querschiff wurden um 1500 von der Hauptbauhütte der Kathedrale errichtet. 1887–98 fügten die Architekten *Josep Oriol Mestres* und *August Font* die fehlende *Fassade* an, nach Teilen einer gotischen Planzeichnung des picardischen Meisters Carlí von 1408, die heute im Kathedralarchiv aufbewahrt wird. 1906–13 wurde schließlich der wuchtige *Turm* über der Mitte der Fassade, über dem Cimborio, aufgerichtet.

Der majestätische, gedrungene **Innenraum** mit drei nahezu gleich hohen Schiffen gehört zu den schönsten gotischen Hallen Spaniens. Vier Paare mächtiger Bündelpfeiler tragen die vierteiligen Gewölbe. Den freien Blick in die Apsis versperrt der unvermeidliche spanische ›Coro‹, das *Chorgestühl,* in dem die Domherren ihr Chorgebet verrichteten. Das Mittelschiff ist 28 m hoch, 91 m lang und hat die doppelte Breite der Seitenschiffe. Die siebenteilige Apsis besitzt einen Umgangschor mit Kapellenkranz. Die Seiten-

Sardana – der katalanische Nationaltanz

»La sardana es la dança més bella de totes les dançes que es fan e es desfan« – »Die Sardana ist der schönste Tanz von allen, die sich zum Kreis formieren und wieder auflösen.« So beginnt der berühmte Vers des katalanischen Poeten Joan Maragall i Gorina, den alle Katalanen zu zitieren wissen. Die Sardana wird in vielen Orten Kataloniens unter freiem Himmel getanzt. Auch in Barcelona hat sich dieses Brauchtum erhalten. Auf den **Plätzen** vor der Kathedrale, vor dem Palast der Landesregierung und in einigen Parkanlagen treffen sich am Wochenende die Sardanisten. Sobald der erste Ton der **Cobla** (Kapelle) ertönt, fassen sie sich bei den Händen, um große und kleine Reigen zu bilden.

Die Sardana ist kein Paar-, sondern ein Gruppentanz. Alter und Herkunft der Tanzenden spielen bei der Zusammensetzung des Reigens keine Rolle. Auch Fremde können jederzeit in den Kreis eintreten und mittanzen. Dies ist jedoch schwieriger, als es auf den ersten Blick aussieht. Obwohl sich die **Schrittfolge** wiederholt, müssen die Tanzenden konzentriert den **Takt** mitzählen. Die feierlich-ernsten Mienen sind typisch für diesen Volkstanz. Der Jugendstilkünstler Santiago Rusiñol äußerte dazu den Satz: »Die Sardana besitzt den Rhythmus Kataloniens, das Herz tanzt, und der Kopf rechnet.«

Über den **Ursprung** des Reigentanzes ist wenig bekannt. Möglicherweise entstand er als Sonnentanz. Sicher ist aber, dass er im Barock am Hof beliebt war und erst viel später unters Volk kam. Als Volkstanz erst seit dem frühen 20. Jh. ausgeprägt, ist die Sardana zum Ausdruck des katalanischen Selbstbewusstseins und Unabhängigkeitsstrebens geworden.

Treffpunkt zum Tanz sonntags um 12 Uhr – bei der Sardana auf der Pla de la Seu vor der Kathedrale darf jeder zum Klang der Cobla mitmachen

Eine der schönsten gotischen Hallenkirchen Spaniens: La Catedral mit Blick in den Chor und auf das Chorgestühl mit seinen kunstvoll geschnitzten Miserikordien (links)

kapellen des Langschiffes, je zwei pro Joch, sind – wie üblich in der katalanischen Gotik – zwischen die nach innen gezogenen Strebepfeiler eingefügt.

Zu den wichtigsten **Ausstattungsstücken** zählen die **Chorschranken** [1] (Trascoro). Sie zeigen herrliche gerahmte *Renaissance-Marmorreliefs*, die das Martyrium der hl. Eulalia schildern. Die flankierenden Statuen stellen die Heiligen Olegario, Eulalia, Raimundo de Penyafort und Coloma dar. Einer der besten Renaissancebildhauer Spaniens, *Bartolomé Ordóñez* aus Burgos, begann 1517 mit den Arbeiten an der Reliefwand. Allerdings konnte er vor seinem Tod nur die beiden Szenen ›Die Heilige verteidigt sich vor dem römischen Prätor‹ (links) und ›Folter der Heiligen in den Flammen‹ (rechts) einschließlich der beiden erstgenannten Heiligenfiguren vollenden. Den Rest schuf *Pere Villar* aus Zaragoza. Er überarbeitete auch die von Bartolomé Ordóñez gefertigte Innenseite des **Hauptportals** [2], die eine schöne Marmordekoration im spätgotischen spanischen Ornamentstil schmückt.

Das spätgotische obere **Chorgestühl** [3] mit Baldachinen aus spitzenartig durchbrochenem Maßwerk und filigranen Türmchen wurde 1399 fertig gestellt. Es stammt von *Pere Ça Anglada*, einem Schnitzer aus Flandern, der auch die Kanzel fertigte. Ungewöhnlich und einzigartig in ihrer künstlerischen Qualität sind die geschnitzten *Miserikordien* an der Unterseite der 61 Klappsitze, kleiner Stützen zum Anlehnen, die den Chorherren das lange Stehen erleichterten. Alle Miserikordien sind figurativ gestaltet, mit Tieren, Mischwesen und Menschen, jede ein kleines Kunstwerk für sich. Zum Teil werden die dargestellten Szenen im Sinne von Tugend und Laster gedeutet – den Chorherren sollten ihre tagtäglichen Schwächen und Fehltritte mehr oder weniger allegorisch vor Augen geführt werden. Zum Teil geht es recht profan und lustig zu. Zwei Soldaten sind vollkommen in ein Kugelspiel vertieft und strecken ihre nadelspitzen Schnabelschuhe grotesk von sich. Auf die Rückwand der Sitze sind Namen und Wappen der Ritter vom Goldenen Vlies aufgemalt. 1519 berief Karl V. hier die einzige Sitzung dieses Ordens in Spanien ein. Die reich gestalteten *Gestühlwangen* mit Szenen aus dem Leben Jesu kamen ebenfalls im frühen 16. Jh. hinzu und dürften zusammen mit den Chorschranken in der Werkstatt von Bartolomé Ordóñez entstanden sein.

1329 wurde nach Plänen von *Jacobus Faber* unter dem Hauptaltar eine **Krypta** [**4**] gebaut. Den Anlass gab die Überführung der Gebeine der hl. Eulalia aus der Kirche Santa Maria del Mar [Nr. 24] in die Kathedrale. Die Krypta ist über einen breiten Treppenabgang zu erreichen, der sich zwischen den Stufen zum Hochaltar öffnet. Schön ist ihr zwölfteiliges, extrem flaches Gewölbe. Der prächtige *Alabastersarkophag* mit Szenen aus dem Leben der Heiligen stammt von einem italienischen Meister des 14. Jh. – wohl aus dem Umkreis der Pisano-Werkstatt.

Die Platte des Hauptaltars im **Presbyterium** [**5**] liegt seit 1971 auf zwei Kapitellen westgotischer Säulen. Das ursprüngliche gotische *Altarretabel* aus Holz (1357–77, ›Die Freigebigkeit von König Pere IV. el Ceremonioso‹) wurde 1970 im Zuge der Überführung des Volksaltars in die Pfarrkirche Sant Jaume (in der Carrer Ferran) dorthin gebracht. Der alabasterne *Bischofssitz* hinter dem Altar (erste Hälfte 14. Jh.) wird dem Künstler des Eulalia-Sarkophags in der Krypta zugeschrieben.

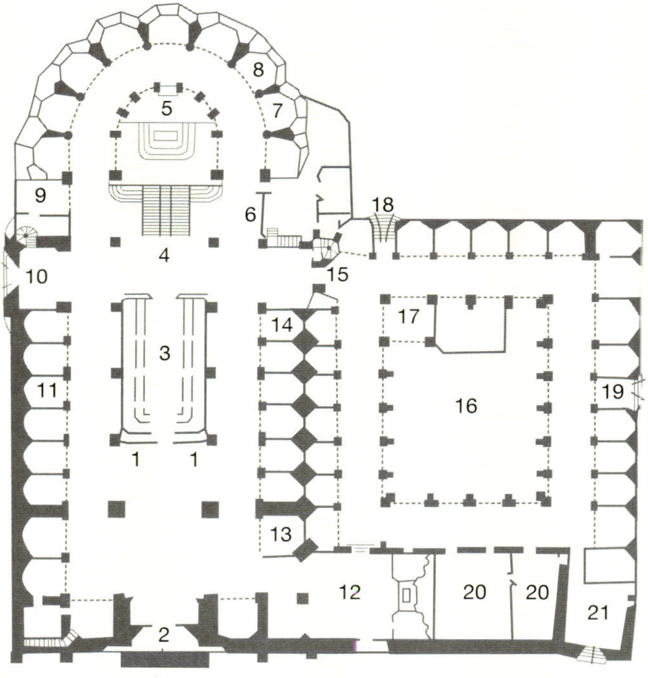

La Catedral

1 Chorschranken
2 Hauptportal
3 Chorgestühl
4 Krypta
5 Presbyterium
6 Grabtumben
7 Triptychon
8 Transfiguración
9 Liegefigur
10 Portal de Sant Iu
11 Flügelaltar
12 Sakramentskapelle
13 Flügelaltar
14 Schnitzaltar
15 Portal zum Kreuzgang
16 Kreuzgang
17 Brunnen
18 Portal de la Pietat
19 Portal de Santa Eulalia
20 Museu de la Catedral
21 Capella de Santa Llucia

Die Reliefs am prachtvollen, im 14. Jh. geschaffenen Alabastersarkophag in der Krypta der Kathedrale zeigen Szenen aus dem Leben der hl. Eulalia

Zwischen der Sakristeitür und dem Portal zum Kreuzgang sind an der Wand zwei mit rotem Samt bespannte hölzerne Sarkophage angebracht – die **Grabtumben** [**6**] der Gründer des romanischen Baus, Graf Ramón Berenguer I. und seiner Gemahlin Almodis. Die rahmende Scheinarchitektur einer Renaissancenische stammt von *Ferrándis* (1545).

Sehenswert in den Kapellen des Chorumgangs ist das **Triptychon** [**7**] der ›Heimsuchung‹ (um 1470). Der Meister des Bildes ist unbekannt, Auftraggeber war der Chorherr Nadal Garcés, der als Stifterfigur abgebildet ist. Einer der besten gotischen Flügelaltäre der Kathedrale ist die **Transfiguración** [**8**] von *Bernat Martorell* (1450). Ungemein lebendig und anschaulich sind die Szenen der ›wunderbaren Brotvermehrung‹ (links), der ›Hochzeit zu Kanaan‹ (rechts) und die Predellaszenen. Die **Liegefigur** [**9**] des Bischofs Ramón d'Escales mit äußerst realistischen Gesichtszügen eines Schlafenden ist eine hervorragende Alabasterplastik von *Antoni Canet* (1409).

Das **Portal de Sant Iu** [**10**] stammt aus dem ersten Bauabschnitt der gotischen Kathedrale, begonnen 1298, wie die Inschriften an den Türpfosten besagen. Zwischen diesen beiden Inschriften eingefügt sind zwei *Reliefs* (12. Jh.), die wohl

Das Martyrium der hl. Eulalia

Eulalia ist eine in Spanien hochverehrte Heilige, **Stadtpatronin** von Barcelona und zweite Titelheilige der Kathedrale. Sie starb um das Jahr 304 unter Diokletian den Märtyrertod. Das zwölfjährige Mädchen lebte der Legende nach im Stadtteil Sarrià. Sie war Christin geworden und bei dem Versuch, dem römischen Statthalter Datian wegen der einsetzenden Christenverfolgung Vorwürfe zu machen, gefangen und grausam gefoltert worden: gekreuzigt, in siedendes Öl geworfen, verbrannt und schließlich geköpft. Aus ihrem Leib soll nach ihrem Tod eine weiße Taube aufgestiegen sein. Bereits 405 wurde sie von Prudentius als Märtyrerin gerühmt.

An ihrem **Festtag**, dem 12. Februar, wird die hl. Eulalia mit farbenprächtigen Umzügen rund um die Kathedrale gefeiert.

noch zum romanischen Bau gehört haben. Die Kampfszenen zwischen Mensch und Löwe (rechts) sowie zwischen Menschen und Greif (links) sind typisch mittelalterliche Themen, die sich auch an den Kreuzgangskapitellen von Sant Pau del Camp [Nr. 47] finden.

Höfisch erscheinen die Figuren der beiden elegant gekleideten Heiligen Sebastián und Tecla auf dem **Flügelaltar** [11] von Rafael Vergós und Pere Alemany (um 1490). Rechts zu ihren Füßen kniet der Stifter der Tafeln, der Chorherr Joan Andreu Sors.

Hoch verehrt wird in der **Sakramentskapelle** [12] der *Cristo de Lepanto*, ein rauchgeschwärztes Kruzifix, das Don Juan d'Austria in der Seeschlacht bei Lepanto zum Sieg verholfen haben soll [s. S. 49]. Der **Flügelaltar** [13] mit den beiden hl. Ärzten Cosmas und Damian stammt von *Bernat Martorell* und *Miquel Nadal* (1455 vollendet). Der barocke **Schnitzaltar** [14] (1688) wird *Miquel Sala* zugeschrieben. Im Zentrum steht die Figur des hl. Bischofs Paciano von Barcelona (gest. 390). Rechts sieht man Szenen aus dessen Leben, links Begebenheiten aus dem Leben des hl. Franz Xaver.

Eine Betrachtung lohnt das **Portal zum Kreuzgang** [15]. An die Kreuzgangseite sind Teile eines romanischen Portals versetzt, die wohl ebenfalls vom Vorgängerbau des 11. Jh. stammen. Beachtenswert sind die *Archivolten*, verziert mit geometrischen Friesen, und die figürlichen *Kapitelle* auf der linken Seite des Gewändes.

Die Gänse im malerischen Kreuzgang der Kathedrale sind eine Attraktion für sich

Der gotische **Kreuzgang** [16] umschließt einen malerischen *Garten*, in dem unter Palmen, Magnolien und Zypressen Gänse schnattern. Eine Attraktion für sich! Im nordwestlichen Kreuzgangwinkel steht ein kleiner, offener Tempel mit gotischem **Brunnen** [17]. Während der Fronleichnamswoche wird dieser mit Blumen und blühenden Zweigen geschmückt, und auf dem Wasserstrahl lässt man ein ausgeblasenes Ei tanzen. Das besonders bei Kindern beliebte Spektakel heißt ›L'ou com balla‹ – das tanzende Ei. Die beiden *Claperós* (Vater und Sohn), zwei Steinmetze der Dombauhütte, schufen 1448/49 das spätgotische *Gewölbe* mit seinen vielfach verschlungenen Rippen. Der krönende Schlussstein zeigt Sankt Georgs Drachenkampf, acht graziöse Engelsköpfe verfolgen das Geschehen.

Dem **Portal de la Pietat** [18] gab das *Holzrelief* im Tympanon mit einer Darstellung der Pietà den Namen. Zwei Engel weisen die Leidenswerkzeuge vor. Rechts im Hintergrund sind Landschaft und eine nordische Burg zu erkennen. Rechts unten, zu Füßen Christi, kniet die Figur des Stifters Ramòn Berenguer, die der deutsche Bildschnitzer *Michael Lochner* (gest. 1490) geschaffen haben soll.

Das **Portal de Santa Eulalia** [19] an der Ostseite des Kreuzgangs zeigt enge Verwandtschaft mit dem Portal de la Pietat, wenngleich schlichter ausgeführt. Im *Tympanon* steht die namengebende Heilige als Terrakottafigur. Das Original (Mitte 15. Jh., zugeschrieben Vater und Sohn Claperós) wird heute im **Museu de la Catedral** [20] (Sala Capitular) aufbewahrt. In zwei Räumen sind einige Gemälde und Skulpturen unterschiedlicher Qualität aus dem *Kirchenschatz* ausgestellt. Bekannt ist die stark an niederländischen Vorbildern orientierte, herb-schöne Pietà von Bermejo (1490) im zweiten Raum.

Der Eingang in die romanische **Capella de Santa Llucia** [21], die Bestandteil der Befestigung des bischöflichen Palastes war, befindet sich gegenüber der Casa de l'Ardiaca [Nr. 3]. Erbaut 1257–68, gehört sie zu den wenigen, wenn auch nicht überragenden Resten romanischer Architektur in Barcelona. Die glatte *Fassade* zeigt die typisch katalanische Schlichtheit und

Kunstvoller Fingerzeig mit Tiefsinn: der Briefkasten im Stil des Modernisme von Domènech i Montaner im Innenhof der Casa de l'Ardiaca ironisiert das Arbeitstempo der Justiz

Flächenbetonung, die auch in der Gotik wiederkehrt, nur durchbrochen von dem Rundbogenportal und einer Fensteröffnung darüber, die später vergrößert wurde. Die *Kapitelle* der sehr schlanken, frei stehenden Gewändesäulen zeigen links ›Verkündigung‹ und ›Heimsuchung Mariens‹. Die nur schlecht erhaltene Ausmalung des *Tympanons* mit einem Bild der hl. Lucia stammt von Joan Llimona und entstand 1901. Rechts vom Altar befindet sich hinter einer Glasscheibe die *Grabtumba* des Erbauers Arnau de Gurb. Die Liegefigur des Bischofs in pontifikalem Gewand ist eine Arbeit des 13. Jh.

3 Casa de l'Ardiaca

Palais des Erzdiakons: geglückte Verbindung von Stilelementen der Gotik, Renaissance und des Jugendstils.

Carrer Santa Llucía 1
Metro L4: Jaume I

Der Archidiakon Desplá, der bei *Bermejo* die im Museu de la Catedral aufbewahrte Pietà in Auftrag gab, ließ dieses Haus um 1500 als Residenz des Erzdiakons der Kathedrale auf Resten der römischen Stadtmauer errichten. Das **Gebäude** zeigt den Übergangsstil der Spätgotik mit plateresken Elementen. Von seinem ursprünglichen Zustand ist wenig erhalten, da das Palais wiederholt umgebaut wurde. Durch ein Renaissance-Portal betritt man den von weiten, gedrückten Arkaden umgebenen **Innenhof**, in dessen Zentrum ein zweischaliger gotischer Brunnen steht. Der kuriose marmorne **Briefkastenschlitz** – gleich rechts vom Eingang zum Innenhof – über dem drei Schwalben fliegen und zu dem eine Schildkröte hinaufklettert, ist ein typischer Entwurf des Modernisme-Architekten *Domènech i Montaner* für die Anwaltskammer. Diese hatte hier Ende des 19. Jh. ihren Sitz. Geistvoll werden die schildkrötengleich langsam mahlenden Mühlen der Justiz ironisiert, die doch eigentlich schnell – wie der Flug der Schwalben – arbeiten sollten.

Seit 1919 ist das Gebäude im Besitz der Stadt. Es beherbergt das *Historische Archiv*, in dem die einzelnen Stadtteilarchive aufgegangen sind, das *Historische Institut* sowie das *Zeitungsarchiv*. Gesammelt werden Dokumente aller Art über den Mittelmeerraum, sämtliche Publikationen über Barcelona seit 1792 sowie Stadtansichten in Handzeichnung, Holzschnitt und Fotografie.

4 Palau Episcopal

Erzbischöfliches Palais mit Resten des romanischen Ursprungsbaus im Innenhof.

Carrer Bisbe 5
Metro L4: Jaume I

Zunächst hatten die Bischöfe im Carrer dels Comtes an der Plaça de Sant Iu, an der Nordseite der Kathedrale, residiert.

Um 1300 erwarb Jaume II. dieses Areal zur Erweiterung des Königspalastes. Daraufhin wurde am heutigen Carrer del Bisbe ein neuer Bischofspalast errichtet – ein einziger **Baukörper**, der sich an die römische Stadtmauer lehnte. 1253–57 ließ Bischof Arnau de Gurb zwei benachbarte Häuser abreißen und fügte dem Palast im rechten Winkel einen neuen Flügel mit Fassade zum Carrer del Bisbe an. 1473–82 wurden die Fenster zur Plaça Nova durch die römische Stadtmauer gebrochen. 1784 wurde der Innenhof geschlossen und von Josep Mas i Dordal eine barocke Fassade zur Plaça Nova hin errichtet. Erst 1928 kam die Fassade zur Plaça Garriga Bachs hinzu. Im selben Jahr entdeckte man bei Restaurierungsarbeiten die romanischen *Galerien*. Reste des romanischen *Palastes* finden sich in der Galerie im nordwestlichen Flügel des gotischen Innenhofs. Im südwestlichen Flügel sind hübsche dreiteilige *Fenster* des 13. Jh. und ein großes Fenster im Stil der flämischen Gotik aus dem 14. Jh. zu sehen.

5 Centre Excursionista de Catalunya

Reste eines römischen Augustustempels.

Carrer Paradís 10
Tel. 933 15 23 11
www.cec-centre.org
Mo–Fr 17.30–21.30 Uhr
Metro L4: Jaume I

Von der Baixada Santa Clara zweigt die Carrer Paradís ab, ein Gässchen mit zweifachem rechtwinkligem Knick im Verlauf. Wenige Meter nach dem zweiten Knick ist ein *Mühlstein* in den Boden eingelassen. Er bezeichnet den höchsten Punkt des Mons Taber, des ehem. Zentrums des römischen Barcino. Der Mühlstein liegt vor einem gotischen Haus, dessen Innenhof öffentlich zugänglich ist. Ein hohes Gitter schließt ihn rechts hinten ab und schützt vier mächtige korinthische **Säulen** – die letzten Reste des römischen Augustustempels aus dem 1.–2. Jh., der an dieser Stelle in einem Garten stand. Den Hinweis auf diesen Garten birgt auch der Straßenname ›Paradís‹. Das Gebäude ist Sitz des 1876 gegründeten *Centre Excursionista de Catalunya*, das Reisen in die Pyrenäen organisiert und sich für den Erhalt der Kulturlandschaft Kataloniens einsetzt.

Viele Feste versüßen den Alltag

Als pflichtbewusst und arbeitsam zeigen sich die Katalanen im Alltag, überschäumende Festtagsfreude legen sie dagegen an den Tag, wenn es etwas zu feiern gibt. Den Auftakt des jährlichen Festtagskalenders bildet die **Cavalcada de Reis**, die Prozession der Heiligen Drei Könige, die am späten Nachmittag des 5. Januar durch Barcelona zieht. Am 17. Januar feiert der Stadtteil **Sant Antoni** den gleichnamigen Schutzpatron der Tiere. Umzüge, Straßenkonzerte und die Tierweihe gehören zum Festtagsprogramm.

Nach den Karnevalsfeiern gedenkt der Stadtteil Gràcia am 3. März seines Schutzheiligen **Sant Medir** mit Pferdekutschen-Prozession, Bonbonschlachten und Straßenfesten. Am 23. April feiern die Barcelonesen das wohl schönste Fest des Jahres, das dem katalanischen Schutzpatron **Sant Jordi** gewidmet ist. Buchhändler und Blumenverkäufer bauen an allen Ecken der Stadt ihre Stände auf. Nach alter Tradition verschenken die Barcelonesen als Freundschafts- oder Liebesbekenntnis Bücher und Rosen. Am 11. März wird im Carrer Hospital der farbenfrohe Straßenmarkt **Fires de Sant Ponç** zu Ehren des Schutzpatrons der Pflanzen, Blumen und Früchte aufgebaut. Besonders weibliche Besucher pilgern am 22. Mai zur Kirche Sant Agustí im Carrer Hospital, wo die Heilige **Santa Rita** gemäß der Legende ›das Unmögliche möglich macht‹.

Der kuriose Brauch des **L'ou com balla** findet anlässlich des Fronleichnamsfestes im Kreuzgang der Kathe-

6 Palau de la Generalitat

Einst residierte in dem prachtvollen Palast das mittelalterliche Ständeparlament Kataloniens. Interessant sind die zwei Innenhöfe und der Gran Saló de Sant Jordi.

Plaça de Sant Jaume 4
Metro L4: Jaume I

Dieses Gebäude ist eng mit den katalanischen Unabhängigkeitsbestrebungen innerhalb des spanischen Königreiches verknüpft. Den Anlass zu dem Bau gab

Höhepunkt der Festspektakel: Der ›Correfoc‹ mit Feuer speienden Ungetümen auf der Plaça de Sant Jaume bildet den Auftakt zur turbulenten Festa de la Mercè im September

drale statt. Dazu wird ein ausgeblasenes Ei auf den Wasserstrahl des Springbrunnens gelegt, und halb Barcelona schaut fasziniert zu, wie das Ei auf und ab tanzt. Feuerwerk, Knallkörper, Konzerte und Bälle auf offener Straße gehören zum Johannisfest **Nit de Sant Joan** in der Nacht vom 23. auf den 24. Juni. Der Juli bringt Musik- und Theateraufführungen im ›Grec‹, der einem griechischen Theater nachempfundenen Freilichtbühne am Montjuïc.

Die **Festa Major** im Bezirk Gràcia lockt Mitte August viele Gäste zu Musikdarbietungen und Nachbarschaftsessen in die geschmückten Straßen des Viertels. Rund 10 Tage dauert ab Mitte September die **Festa de la Mercè**, deren Höhepunkt die traditionellen ›Correfocs‹ (Umzüge mit Feuer speienden Ungeheuern) und die Prozession der ›Gegants‹ (riesige, fantasievoll gekleidete Figuren) sind. Ab Ende September gibt es Weinproben, Buchmessen und die kulinarische **Mostra de la Cuina** auf den breiten Prachtboulevards. Verschiedene Musikfestivals und die vom 8.–24. Dezember dauernde weihnachtliche **Fira de Santa Llucía**, der Krippen- und Kunsthandwerksmarkt rund um die Kathedrale, beenden den Festtagsreigen.

die Entstehung einer eigenen katalanischen *Ständevertretung* ab dem 13. Jh., offiziell begründet unter König Jaume II. Diese ›Generalitat de Catalunya‹ bestand aus Vertretern der Kirche, des Militärs und der Bürgerschaft. Philipp V. löste sie im 18. Jh. auf und bestimmte das Gebäude zum königlichen Gerichtshof, der 1908 von der ›Diputación Provincial‹ abgelöst wurde. Gerade acht Jahre, 1931–39, diente die Generalitat wieder als Sitz einer autonomen katalanischen Regierung, um unter Franco erneut zur Diputación Provincial degradiert zu werden. Seit 1977 ist der Palast wieder Sitz der autonomen Landesregierung von Katalonien.

Der Ursprungsbau der Generalitat stammt aus dem 14. Jh. Im 15. und 16. Jh. wurden neue Teile hinzugefügt: Ab 1425 errichtete *Marc Safont* den zweigeschossigen gotischen **Innenhof**, von dem eine offene Treppe zur eleganten Galerie mit eng gedrängten Arkaden auf überschlanken Säulen hinaufführt. 1432–39 fügte derselbe Baumeister die **Capella de Sant Jordi** hinzu. Ihre überreich dekorierte spätgotische Fassade wirkt zwischen den drei Portalen wie ein Maßwerktep-

Arkadenblick: gotischer Innenhof des Palau de la Generalitat mit seiner offenen Treppe

pich. Das Innere der Kapelle wurde 1620 um Wölbung und Kuppel erweitert. An den Nordflügel des gotischen Innenhofes schließt der **Pati dels Tarongers** an,

Barcelonas Seufzerbrücke: überdachter Gang über die Carrer del Bisbe zwischen Palau de la Generalitat und Kanonikerhaus

der seinen Namen den zierlichen Orangenbäumen verdankt. Mit den Arbeiten an diesem Renaissancehof und den ihn umgebenden Flügeln wurde 1532 begonnen. Das kleine Türmchen im Südost-Eck des Innenhofes besitzt ein *Carrillón*, ein Glockenspiel, das täglich zur Mittagszeit alte und volkstümliche Melodien spielt. An hohen Feiertagen werden hier auch Konzerte gegeben.

Dem Orangenhof gegenüber, im Südflügel der gotischen Galerie, führt eine Renaissancetür in den **Gran Saló de Sant Jordi** (Besichtigung nur am 23. April, dem Georgstag). Diese dreischiffige Halle mit zentraler Kuppel wurde 1596 von *Pere Blay* als Kapelle entworfen. Sie ist der Kern des Renaissance-Baukörpers, den Pere Blay 1602 abschloss. Die breite Freitreppe, die hinunter in das Vestibül führt, stammt aus dem 19. Jh., ebenso die beiden gewaltigen Bronzelöwen.

Die **Fassade** zur Plaça de Sant Jaume hin wurde in Anlehnung an den Palazzo Farnese in Rom ab 1597 in Genueser Marmor ausgeführt. Der Balkon, auf dem 1977 die Wiedereinsetzung der Generalitat proklamiert wurde, ist eine Zugabe des 19. Jh. Berühmt ist die gotische Seitenfassade zur Carrer del Bisbe hin, die Marc Safont zugeschrieben wird. Über diesem Haupteingang des 15. Jh. bezaubert ein

Medaillon mit dem hl. Georg. Sant Jordi ist der Landespatron Kataloniens und Symbol der katalanischen Eigenständigkeit. Auch die waagrecht aus der Mauer kragenden, bizarren Figuren der *Wasserspeier* sind beachtenswert. Der *überdachte Gang* über der Carrer del Bisbe erinnert an die Seufzerbrücke in Venedig. Er entstand 1926 als Verbindung zwischen Generalitat und Kanonikerhaus.

7 Plaça de Sant Jaume

Der repräsentative Hauptplatz der Stadt, gerahmt von Landesregierung und Rathaus, verwandelt sich einmal im Jahr zum Tummelplatz Feuer speiender Drachen und zum Tanzboden von Riesen.

Metro L4: Jaume I

Die Plaça de Sant Jaume (hl. Jakob) ist das politische Zentrum Barcelonas. Schon unter den Römern hatte sie zentrale Bedeutung: Hier kreuzten sich im rechten Winkel die beiden Hauptstraßen des Römerlagers, die Via Cardo und die Via Decumana. Daneben befand sich das *römische Forum*. Seit dem 10. Jh. stand hier die Kirche *Sant Jaume*, die erst im 19. Jh. zusammen mit anderen Gebäuden abgerissen wurde, um den ursprünglich recht kleinen Platz auf seine heutigen Ausmaße erweitern zu können.

In der Woche um den 24. September finden hier während des großen Stadtfestes **La Mercè** (www.bcn.cat/merce) riesige Spektakel statt. Den Auftakt macht der *Correfoc*, der Feuerlauf. Nach Einbruch der Dunkelheit kriechen riesige, feuerspeiende Drachen aus dem Carrer de Sant Honorat mitten hinein in die dicht gedrängte Menschenmenge. Kleine Teufel begleiten sie und versuchen die Nächststehenden auf ihre flammenden Dreizacke zu spießen. Das Feuerwerk der Pappmaschee-Echsen dauert über zwei Stunden. Der darauf folgende Sonntag beginnt mit dem eleganten *Bal de Gegants*. Riesige Figuren, fein herausstaffiert, trippeln mittels menschlicher Träger anmutig einher. Anschließend werden *Castells*, Burgen aus Menschen, gebaut – ein atemberaubend spannender und akrobatischer Wettbewerb. Welche Mannschaft baut den höchsten und kompliziertesten Turm – Barcelona, Vilafranca oder Valls?

Die Giganten sind los! Beim Bal de Gegants der Festa de la Mercè liefern die elegant gestalteten Riesenfiguren auf der Plaça de Sant Jaume ein eindrucksvolles Schauspiel

8 Sants Just i Pastor

Die gotische Kirche diente zeitweilig als Hofkapelle. Heute stark verändert, besitzt sie noch einen prächtigen gotischen Flügelaltar.

Plaça de Sant Just,
Eingang Carrer Sant Just
Metro L4: Jaume I

Eine Kirche mit dem Patrozinium der Heiligen Just und Pastor ist seit 1082 belegt. Während des Baus der romanischen Kathedrale unter Ramón Berenguer I. el Viejo wich man in diese Kirche aus, die weiterhin die Pfarrei der Könige blieb. Die heutige Kirche entstand ab 1342 im Stil der katalanischen Gotik. Den **Glockenturm** errichteten 1567 *Joan Safont* und *Pere Blay*.

Das überladene, düstere **Innere**, ausgestattet im Geschmack des 19. Jh., lässt kaum mehr den Ursprungsbau ahnen: eine einschiffige Halle mit vier Jochen, das fünfte wurde im späten 15. Jh. hinzugefügt. Die Seitenkapellen sind zwischen die nach innen gezogenen Strebepfeiler eingeschoben. Auch in dieser Kirche verstellte ursprünglich, wie in ganz Spanien üblich, der *Chor* den freien Blick aus dem Langhaus in die Apsis. Die farbig gefassten *Schlusssteine* stammen bis auf den letzten aus dem 14. Jh. Dargestellt sind Szenen aus dem Leben Jesu und Marias. Bedeutendstes Ausstattungsstück ist der leider meist in pechschwarze Finsternis gehüllte **Flügelaltar** in der Capella de Sant Felix, links neben der Apsis. Dieser wurde 1525 von Joan de Requesens – er durfte in dieser Kapelle seine Familiengrablege einrichten – bei dem flämischen Bildschnitzer *Juan de Bruselas* in Auftrag gegeben. Die *Tafelbilder* malte der Portugiese *Pero Nunyes*. Im Zentrum steht die Darstellung der Beweinung Jesu durch seine Mutter, umgeben von Szenen aus dem Leben Jesu von der Geburt bis zur Auferstehung. Auf den Flügeln sind die Heiligen Petrus und Paulus, auf der Predella der hl. Jakob (Sant Jaume) und Maria mit den Heiligen Felix, Katharina und Hieronymus zu sehen. Der Altar ist eines der frühesten Beispiele in Barcelona, bei dem der traditionelle Goldgrund durch einen Landschaftshintergrund ersetzt ist. Interessant sind auch die beiden *Taufbecken* – sie wurden aus Kapitellen gefertigt, die wohl vom westgotischen Vorgängerbau stammen.

9 Palau Requesens

Einer der größten mittelalterlichen Paläste Barcelonas. Die römische Stadtmauer bildet eine Seite des Innenhofes.

Carrer Bisbe Caçador 3
Metro L4: Jaume I

Das Gässchen Bisbe Caçador endet in einem burgartigen Patio, der zu einem der

Vorübergehend Kirche des Grafen von Barcelona: die gotische Kirche Sants Just i Pastor

Virtuosität in Holz: Renaissancedecke über der Ehrentreppe des Palau del Lloctinent

größten mittelalterlichen Paläste Barcelonas gehört. Anfang des 13. Jh. wurde dieser Palast unter Einbeziehung der römischen Stadtmauer errichtet. Der *Erdgeschossbereich* des **Innenhofs** mit seinem niedrigen Rundbogenportal und der doppelläufigen Treppe gehört noch der romanischen Bauphase an. Ab der *Loggia* am oberen Treppenabsatz herrschen dagegen bereits gotische Stilelemente vor. Ein Meisterwerk sind die fein geschnittenen *Dreipassbögen* auf zierlichen Säulchen, die zur Beleuchtung und wohl auch für einen freien Ausblick in die Landschaft in die Stadtmauer gebrochen wurden. Die **Innenräume** wurden im 17. Jh. restauriert, aus dieser Zeit stammen auch die straßenseitigen Balkone.

Im 15. Jh. lebte hier der Generalgouverneur von Katalonien, Galceran de Requesens, Conde de Palamós, de Trivento y de Avelino. Heute ist der Palast Sitz der **Reial Acadèmia de les Bones Lletres** (Tel. 933 10 23 49, Mo–Fr 9–14 Uhr), in der Wechselausstellungen zur Stadtgeschichte gezeigt werden. Außerdem beherbergt der Palast die **Galeria de Catalans Il.lustres** (Tel. 933 10 23 49, Mo–Fr 9–14 Uhr) mit Porträts berühmter Katalanen. Die Sammlung scheint den Besuchern zuzurufen: Seht her, wir Katalanen haben es zu etwas gebracht!

10 Palau del Lloctinent

Der Palast der spanischen Vizekönige ist eines der wenigen Renaissancegebäude der Stadt.

Plaça del Rei/Carrer dels Comtes de Barcelona 2
Tel. 934 85 42 85
geöffnet bei Veranstaltungen
Metro L4: Jaume I

Schon im 15. Jh. wünschten die letzten Könige von Barcelona den Bau einer neuen Residenz nahe am Meer. Die Vizekönige überließen dann 1542 den Palau Reial Major [Nr. 11] der Kanzlei des königlichen Gerichtshofes und bewahrten somit den alten Königspalast vor tief greifenden Änderungen. 1547 erfolgte die Bewilligung eines neuen Palastes durch die Corts Catalans. *Antoni Carbonell* errichtete mit ihm 1549–57 eines der wenigen Renaissancegebäude der Stadt. Es gibt zwar noch verschiedene gotische Elemente wie die fantastischen Wasserspeier unter der Traufe, modern im Sinne der Renaissance ist jedoch das Streben nach Symmetrie im Grundriss und Aufbau der **Fassaden**. Die Fensterachsen kehren in regelmäßiger Abfolge wieder, die Geschosse sind hierarchisch aufgebaut. Das wichtigste und vornehmste Geschoss mit den repräsentativen Räumen, das Piano Nobile, besitzt hohe Fenstertüren. Die beiden oberen Ecken an der Stirnseite des Gebäudes treten bastionsartig aus der

Fassadenfläche hervor. Ein umlaufendes Gesims, verziert mit einem Eierstab-Ornament, bildet den oberen Abschluss.

Vom Carrer dels Comtes 2 gelangt man in den quadratischen, zweigeschossigen **Renaissance-Patio**. Vier weit gespannte Bögen tragen die umlaufende Galerie des Obergeschosses. Die toskanischen Säulen der Arkaden entsprechen dem geläufigen Ordnungssystem der Renaissance. Sehr schön ist die dreiseitige *Ehrentreppe* an der Nordseite des Hofes. Die Holzdecke über dem linken Treppenlauf zeugt von außergewöhnlicher Kunstfertigkeit. In der Mitte ist sie durchbrochen und um eine Galerie auf Säulchen erhöht, auf der die Holztonne mit Kassetten ruht.

11 Palau Reial Major

Der Palast der Grafen von Barcelona und Könige von Aragon ist ein historisch gewachsenes Gebäudeensemble. Herausragend sind der riesige gotische Saal und die elegante Palastkapelle.

Plaça del Rei
Tel. 932 56 21 00
www.museuhistoria.bcn.es
April–Sept. Di–Sa 10–20, So 10–15 Uhr, Okt.–März Di–Sa 10–14 und 16–19, So 10–15 Uhr
Metro L4: Jaume I

Der Königspalast von Barcelona setzt sich aus verschiedenen Gebäuden zusammen, die sich um die majestätische **Plaça del Rei** gruppieren. Ihre mächtigen Steinmauern wirken ernst und schwer. Trotzdem ist der Platz bei Einheimischen wie Touristen gleichermaßen beliebt. Man bleibt ein wenig sitzen bei einem Kaffee oder einem Glas Wein an den Tischen vor der Casa Clariana-Padellàs, neben einer *Eisenskulptur* von Eduardo Chillida am Platzeingang oder auf den Stufen im rechten hinteren Eck des Platzes. Nach Einbruch der Dunkelheit wirkt das raffiniert angestrahlte Gebäudeensemble mit seinem hohen Turm besonders reizvoll.

Den rückwärtigen Teil des Platzes bildet die Fassade des *Palau Reial Major*. Die rechte Platzseite nimmt die *Palastkapelle Santa Àgata* ein. Zwischen ihr und dem Platzeingang steht die *Casa Clariana-Padellàs*, welche die Bestände des Historischen Stadtmuseums beherbergt.

Um 1162 ließ Ramón Berenguer IV. über der ersten Residenz der Grafen von Barcelona einen neuen Palast errichten. Seine heutige Baugestalt erhielt der **Palau Reial Major** jedoch erst ab dem ersten Viertel des 14. Jh. und nach fortlaufenden Erweiterungen, die sich bis in die Mitte des 16. Jh. hinzogen. Im 18. Jh. überließ Philipp V. dem Orden der Clarissinnen einen Teil des Gebäudes als Entschädigung für den Abbruch ihres Konvents im Stadtteil La Ribera. Nach Zerstörungen des 19. Jh. wurde der weitläufige Palast ab 1936 grundlegend restauriert. Der größere Teil gehört heute zum **Museu d'Història de la Ciutat**, ein kleinerer zum *Museu Frederic Marès* [Nr. 12].

Die **Hauptfassade** des Königspalastes präsentiert sich, ähnlich dem Papstpalast in Avignon, mit drei wuchtigen Riesenarkaden. Die Triforienfenster stammen aus der Regierungszeit von Pere II. el Grande (1276–85). Die Rundfenster mit Vierpässen ließ Pere IV. el Ceremonioso (1336–87) in die Wand brechen. Zwischen ihnen sind noch Reste der romanischen Rundbogenarkaden sichtbar, die heute zugemauert sind.

Die monumentalen Bogenstellungen gingen aus der Verbindung der drei Strebpfeiler hervor, welche die gewaltigen Schubkräfte des dahinter liegenden Saló de Tinell auffangen. Gleichzeitig dienen sie dem massigen fünfstöckigen Turm – **Mirador del Rei Martí** – als Substruktion. Dieser wurde 1555 von *Antoni Carbonell* auf einen der römischen Stadttürme aufgesetzt, er stellte die Verbindung zum Palau del Lloctinent [Nr. 10] auf der linken Platzseite her.

In den **Saló de Tinell** gelangt man durch die Rundbogentür am Ende der viertelkreisförmigen Treppe. 1359–70 wurde der Saal unter Pere IV. el Ceremonioso von dem Baumeister *Guillem Carbonell* errichtet – ein Meisterwerk der gotischen Baukunst. Sechs weit gespannte Rundbögen aus Haustein überwölben den riesigen königlichen Fest- und Thronsaal. 1493 wurde hier angeblich *Christoph Kolumbus* bei der Rückkehr von seiner ersten Reise in die Neue Welt von den Katholischen Königen Ferdinand und Isabella empfangen. Die Clarissinnen verwandelten den Saal im Barock in eine Kirche mit Seitenkapellen. Erst 1936–42 erhielt er seine ursprüngliche Gestalt wieder.

Unter Jaume II. (1291–1327) und Alfons III. el Benigno (1327–35) wurde die Kapelle **Santa Àgata** von mehreren Baumeistern (Bertram Riquer, Jaume del Rei und Pere Oliva) als Palastka-

TOP TIPP

Die Plaça del Rei mit dem ehemaligen Königspalast Palau Reial Major (rechts) und dem Palau del Lloctinent (links) bietet einen eindrucksvollen Blick in das alte Barcelona

pelle errichtet. Im Laufe des 15. Jh. verdrängte das Patrozinium der hl. Agathe das ursprüngliche Marienpatrozinium, da in der Kapelle der Stein aufbewahrt wurde, auf dem angeblich die abgeschnittenen Brüste der Heiligen gelegen hatten. Die Verehrung der hl. Agathe hatte dadurch zunehmende Bedeutung erlangt. Der schlichte einschiffige **Innenraum** ist durch Spitzbögen in drei Joche gegliedert, besitzt ein angedeutetes Querhaus und eine sechsteilige Apsis. Die Wandvorlagen des Saló de Tinell sind hier zu schlanken Rundsäulchen geworden, die nahtlos in die Bögen übergehen. Originale Bemalung weist die Holzdecke auf. Ein hervorragendes Beispiel für die Qualität der gotischen Malerei Kataloniens ist der *Dreikönigsaltar* (Retaule del Condestable) des Malers Jaume Huguet (1465). Im Zentrum steht die ›Anbetung der Heiligen Drei Könige‹ – deutlich beeinflusst von Rogier van der Weyden –, darüber die ›Kreuzigung‹. Interessant ist die faszinierend naturalistische Darstellungsweise der königlichen Gaben wie auch des Hintergrundes. Stall und Landschaft sind ebenso detailverliebt ausgestaltet, während die Zone des ›Himmels‹ wieder vom traditionellen Goldgrund eingenommen wird.

Dem achteckigen *Turm* der Palastkapelle (über der Sakristei) dient ein römischer Stadtturm mit 6 m Durchmesser als Unterbau. Das Gewölbe ist mittelalterlich. Die Kapelle wurde im 19. Jh., nach der Säkularisation, für industrielle Zwecke genutzt, bis sie schließlich öffentlich versteigert wurde. 1856 wurde sie erstmalig wieder restauriert.

Von der Sakristei der Kapelle führt eine Treppe in die *römische Vergangenheit*

Barcelonas hinunter. Bei Ausschachtungsarbeiten für die Casa Clariana-Padellàs stieß man im Jahr 1931 auf Reste der römischen Siedlung aus dem 2. Jh. n. Chr. Die **Ausgrabungen** erstrecken sich bis zur Kathedrale. Zu sehen sind Teilstücke der römischen *Straßen* – Via Cardo (entspricht etwa dem Verlauf der Carrer de la Llibretería) und Via Cardo Minor (entspricht der Carrer de la Pietat und der Baixada de Santa Clara) – sowie *Grundmauern* der römischen Häuser, in denen Reste der *Wandbemalung* und der *Bodenmosaiken* erhalten sind. Beispiel für die halbindustrielle römische Produktion sind die großen Tonbehälter für Öl oder Mehl in den Vorratsräumen. Reste einer *Therme* wurden ansatzweise restauriert. Die ›Cloaca‹ der Römer, die *Kanalisation*, tat ihre Dienste noch bis ins 19. Jh., erst

Edle Bescheidenheit: Die schlicht gestaltete Schlosskapelle Santa Àgata des Palau Reial Major bildet einen würdevollen Rahmen für den Dreikönigsaltar von Jaume Huguet

Erlesene Kunstschätze: Skulpturen, Malerei und Kunsthandwerk bietet das Museu Frederic Marès, hier der Saal XVI. mit einer Madonnenstatue des 16. Jh.

dann wurde eine Erneuerung und Erweiterung in Angriff genommen. Neben diesen Zeugnissen aus dem täglichen Leben der römischen Stadt ›Faventia Julia Augusta Pia Barcino‹ gibt es mehr oder weniger vollständig erhaltene römische *Statuen* und eine Venus aus Bronze. Außerdem sind Reste einer frühchristlichen *Basilika* und eines *Baptisteriums* aus dem 4. Jh. zu sehen, zudem die Rekonstruktion einer westgotischen *Grabanlage* sowie jüdische und arabische Zeugnisse.

Von den römischen Ausgrabungen wird der Besucher hinaufgeführt in das gotische Gebäude der **Casa Clariana-Padellàs**. Dieses Privathaus stand ursprünglich in der Carrer de Mercaders, musste dort aber der Trasse der neuen Via Laietana weichen und wurde Stein für Stein an seinen jetzigen Standort versetzt. In den *Obergeschossen* sind im **Museu d'Història de la Ciutat** Exponate zur Stadtgeschichte bis zum 19. Jh. zusammengetragen: schöne Beispiele für typisch katalanische Kachelmotive im ersten Stock, Stadtpläne und Stadtansichten, Szenen aus dem Volksleben und Krippenfiguren im zweiten. Das Haus gehörte einst einer reich gewordenen Kaufmannsfamilie des 14. Jh. und entspricht ganz dem Stil der traditionellen katalanischen Gotik. Die *Fassade* ist betont geschlossen und flächig, aufgelockert nur durch die schlanken dreiteiligen Fensteröffnungen. Schön ist der *Patio* mit seinen vielgestaltigen Verzierungen der Fensterstürze, eine Mischung aus Gotik und Renaissance.

12 Museu Frederic Marès und Museu Sentimental

Ein Teil des alten Königspalastes beherbergt heute ein hervorragendes Skulpturenmuseum und ein Museum mit großbürgerlichen Gebrauchsgegenständen.

Plaça Sant Iu 5
Tel. 932 56 35 00
www.museumares.bcn.es
Di–Sa 10–19, So 10–15 Uhr
Metro L4: Jaume I

Der Palau Reial Major wurde in der ersten Hälfte des 14. Jh. um einen Flügel erweitert, in dem heute die Sammlung des Bildhauers Frederic Marès (1893–1991) präsentiert wird, die er 1940 der Stadt schenkte. Das **Museu Frederic Marès** zählt neben dem Museum von Valladolid zu den bedeutendsten Skulpturenmuseen in Spanien. Sein Spektrum reicht von der iberischen Kultur (Weihegaben des 5.–

1. Jh. v. Chr. in Saal I) bis zum Barock, der Sammlungsschwerpunkt liegt auf Kastilien und Navarra. Der reiche Bestand ist überaus sehenswert. Hervorzuheben sind u. a. die *romanischen Kruzifixe* im Erdgeschoss (Saal II), an denen sich der Wandel im Christusbild von der siegreichen ›Majestas Domini‹ hin zum leidenden, gequälten Christus besonders gut nachvollziehen lässt. Ein *Steinrelief* (12. Jh.) aus dem Kloster San Pere de Rodes beeindruckt mit einer ungemein packenden Darstellung der Berufung Petri. Es dürfte wohl eine Arbeit des Meisters de Cabestany sein. Im Untergeschoss lohnt der *Alabastersarkophag* von Pedro Suarez, im 16. Jh. Bürgermeister von Toledo, eine Betrachtung. Die Figur trägt anstelle der bisher üblichen Rüstung ein langes gegürtetes Gewand mit Rüschenkragen und ein Schwert an der Seite.

Gute Beispiele für das *Kunsthandwerk der Mudéjares* (Mauren, die unter christlicher Herrschaft lebten) im 13. Jh. sind ein Holztor aus der Gegend von León sowie Arbeiten in Saal XIII im 1. Obergeschoss. Im Eingang zu Saal XVI verdient eine Kuriosität Beachtung: verschiedene *Hostieneisen* des 13.–16. Jh. Saal XVIII birgt Reste einer *Beweinungsgruppe* der Renaissance aus La Rioja. Solch szenische Darstellungen mit monumentalen Figuren waren in Spanien besonders beliebt. Saal XXXI ist dem nahen *Kloster Montserrat* und der Verehrung des dortigen Marienbildes vorbehalten. In Saal XXXII wird eine schöne Sammlung von *Krippenfiguren* gezeigt.

Das 2. Obergeschoss ab Saal XXXIII beherbergt das **Museu Sentimental** mit zahlreichen Gebrauchsgegenständen aus dem großbürgerlichen Leben Barcelonas im 19. Jh.: Sonnenschirme, Nippes, Streichholzschachteln, frühe Fotografie und religiöse Volkskunst.

13 Casa de la Pia Almoina

Heute sind in dem ehem. Almosenhaus Tafelbilder und Skulpturen aus der Glanzzeit Barcelonas ausgestellt.

Av. de la Catedral 4
Tel. 933 15 22 13
Juni–Sept. tgl. 10–20 Uhr, Okt.–Mai Di–Sa 10–14 und 17–20, So 11–14 Uhr
Metro L1, L4: Urquinaona; L4: Jaume I

Die Ostseite der Pla de la Seu begrenzt die Casa de la Pia Almoina, das Haus des frommen Almosens. Diese Institution wurde 1009 ins Leben gerufen, sie hatte sich zum Ziel gesetzt, jeden Tag 100 Arme zu speisen und sich um die Pilger zu kümmern. Um 1450 wurde die Haushälfte, die mit dem steilen Giebel zum Platz steht, gebaut. 100 Jahre später wurde das Gebäude nach Norden hin erweitert und bildet somit heute eine Seite des Platzes. Im September 1991 öffnete hier das **Museu Diocesà de Barcelona** seine Pforten. Gesammelt wurde seit 1916 *Malerei* und *Skulptur* aus Gotik und Renaissance. Hochinteressant sind die Bilder, die aus den alten Kirchen der Stadt hierher kamen und Heiligengeschichten mit zeitgenössischen *Stadtansichten* im Hintergrund illustrieren. Auch Kunstwerke der Romanik und des Barock gehören zum Fundus des Museums.

14 Plaça de Berenguer el Gran

Der Platz am Fuße der Stadtmauer bietet einen interessanten Blick auf die ›Fundamente‹ Barcelonas.

Metro L4: Jaume I

Die Plaça de Berenguer el Gran vermittelt einen besonders beeindruckenden Überblick über die Geschichte Barcelonas. Stadtgrundriss und -bild wurden grundlegend geprägt von der Zeit der römischen Herrschaft über die Provinz Laietana und von der Hochblüte Barcelonas im Mittelalter. Die beiden Epochen bauen sich hier, einem Prospekt gleich, vor dem Betrachter auf. Die Basis des Ensembles bildet, wie bereits an der Pla de la Seu [Nr. 1] gesehen, die **römische Stadtmauer** mit sieben quadratischen, sorgfältig renovierten Türmen. Die bis auf eine Höhe von 9 m erhaltene Mauer ist aus großen Hausteinen gefertigt. Drei der Türme besitzen noch ihre ursprüngliche Höhe von 18 m. Auf diese Mauer wurde im 13. und 14. Jh. die Palastkapelle *Santa Àgata* [Nr. 11] mit ihrem fast 40 m hohen, achteckigen Turm gebaut. Dahinter präsentiert sich der wuchtige Klotz des *Mirador del Rei Martí* aus dem 16. Jh., hinter dem wiederum die mächtigen Türme der gotischen *Kathedrale* [Nr. 2] aufragen.

Der Name des Platzes erinnert an Ramón Berenguer III. (1096–1131), Graf von Barcelona. Er erhielt den Beinamen ›der Große‹, da er die sich den Arabern widersetzenden katalanischen Grafschaften

An der Plaça de Berenguer el Gran werden die ›Fundamente‹ Barcelonas sichtbar, über der römischen Stadtmauer erheben sich die Türme von Santa Àgata und La Catedral

einte. Seit 1950 schmückt sein **Reiterstandbild** den Platz, das der modernistische Bildhauer Josep Llimona bereits 1920 geschaffen hatte.

15 Carrer del Call

Reste des Jüdischen Viertels im mittelalterlichen Barcelona.

Metro L4: Jaume I

›Call‹ leitet sich aus dem Hebräischen (Qahal) ab und heißt Versammlung. Die Straße war im Mittelalter Zentrum des gleichnamigen **Judenviertels**, das sich von der Plaça Nova (Portal del Bisbe) bis zur Carrer de la Boqueria (Portal del Nou) erstreckte. Hier war die geistige Elite Kataloniens zu Hause – berühmte Dichter, Astronomen und Philosophen. Lange Zeit (bis 1450) war die *jüdische Universität* die einzige derartige Einrichtung in Barcelona. Gelehrt wurden Philosophie, Mathematik, Physik, Astronomie, Alchemie, Geografie, Medizin und Chirurgie. Außerdem gab es Knabenschulen, Bäder und Krankenhäuser – Einrichtungen, die im Mittelalter keine Selbstverständlichkeit waren. Juden bekleideten zum Teil wichtige staatliche Positionen, z. B. entsandte Jaume II. (1291–1327) zwei Juden als Botschafter nach Granada und Tunis. Doch bereits 1243 hatte König Jaume I. das Viertel von der übrigen Stadt durch eine Mauer abgrenzen lassen.

1348 wurde der Call unter dem Vorwand geplündert, die Juden hätten den Schwarzen Tod in die Stadt eingeschleppt. Tatsächlicher Grund für diesen Angriff dürfte aber der Wunsch gewesen sein, die starke wirtschaftliche Position der Juden zu brechen. 1395 wurde eine der beiden Synagogen in eine Dreifaltigkeitskirche umgewandelt, die andere 1396 an eine Töpferei verpachtet. 1424

Einer der intimsten Orte der Innenstadt ist die beschauliche Plaça Sant Felip Neri

fand schließlich die endgültige *Vertreibung* der Juden aus dem Viertel statt. 1995 entdeckte man im Keller eines Gebäudes Reste der **Sinagoga Major de Barcelona** (Carrer Marlet 2, Tel. 933 17 07 90, www.calldebarcelona.org, Mo–Fr 11–12.30 und 16–18.30, Sa/So 11–15 Uhr) und restaurierte sie. Tritt man wieder auf die Straße, so findet man im ersten Haus (Carrer Marlet 1) einen Stein mit der **hebräischen Inschrift**: ›Heilige Stiftung des Rabbi Samuel Hassareri, dessen Leben nie enden möge‹, 1314.

16 Plaça Sant Felip Neri

TOP TIPP *Stimmungsvoller Platz abseits des touristischen Treibens.*

Metro L4: Jaume I

Die kleine Plaça Sant Felip Neri gehört zu den heimeligsten Orten der Stadt. Sie ist beinahe ganz umbaut, gerade zwei schmale Zugänge sind offen geblieben. In der Platzmitte plätschert ein kleiner **Brunnen**, gerahmt von zwei schattigen Akazien. Das Wasser läuft aus einer Muschelschale in den achteckigen Trog, der mit weißen und grünen Kacheln ausgekleidet ist. Von der Carrer Montjuïc del Bisbe betritt man den Platz durch einen Rundbogen. Zur Rechten dieses Tores stehen die Ordensgebäude von Sant Felip Neri samt einer Schule und der dem hl. Philippus Neri geweihten Kirche. Das **Konventsgebäude** mit seiner schlichten Fassade und einem barocken Kreuzgang wurde 1673 begonnen und im 18. Jh. verändert. Die Kirche **Sant Felip Neri** (1748–52) ist ein typischer Bau der römischen Gegenreformation: einschiffiger Innenraum mit Tonnengewölbe und Spitzkappen, seitliche Kapellen und Kuppel über der Vierung.

Zur Linken des Platzzuganges steht ein hübsches, allerdings schlecht erhaltenes Renaissancepalais – das heutige **Museu del Calçat Antic** (Plaça Sant Felip Neri 5, Tel. 933 01 45 33, Di–So 11–14 Uhr). Dieses ehem. *Zunfthaus der Schuhmachergilde* wurde von der Pla de la Seu [Nr. 1] hierher versetzt. An der *Fassade* lässt sich die Bestimmung des Gebäudes sehr einfach ablesen: In den vier Ecken und an den Reliefs der Fensterstürze erscheinen Schuhe und Füße, auf der großen Reliefplatte in der Mitte hockt ein Löwe. Die *Inschrift* zwischen den beiden Eingangstüren im Erdgeschoss informiert über das Baujahr des Hauses und die Bedeutung des Löwen. Er ist das Symbol des Evangelisten Markus, der als Patron der Schuhmacher gilt. Zu sehen gibt es eine kuriose Sammlung alten und von berühmten Persönlichkeiten getragenen Schuhwerks.

Pastisseria Escriba La Rambla 83 Altstadt

Les Rambles – Flaniermeile unter schattigen Platanen

›La Rambla‹, ›Les Rambles‹ – das ist für viele bereits gleichbedeutend mit Barcelona. Obwohl nicht mehr damit gemeint ist als ein circa 1,5 km langer Straßenzug, der von der *Plaça de Catalunya* hinunter zur *Plaça Portal de la Pau* führt und sich aus verschiedenen Abschnitten zusammensetzt.

Als Barcelona noch in den Kinderschuhen steckte und gerade die Umgebung des kleinen Hügels Mons Taber bedeckte, führte entlang der westlichen Stadtmauer ein trockenes **Bachbett** hinab zum Meer, das sich nur bei heftigen Gewittergüssen füllte und die angehäuften Abfälle mit sich spülte. Die arabische Bezeichnung dafür war ›Rambla‹ und ging in die spanische Sprache ein. Im Laufe der Zeit wuchs die Stadt außerhalb ihrer engen Mauern weiter, und das Bachbett verwandelte sich allmählich in die einzige wirklich breite **Straße** der Altstadt. Hier trieb man Handel, ergötzte sich schaudernd an öffentlichen Hinrichtungen, traf sich zum abendlichen Flanieren, zum Diskutieren und Philosophieren. Seit dem 16. Jh. ließen sich an der Rambla verschiedene Konvente nieder, umfangreiche Klosteranlagen entstanden. Ende des 18. Jh. wurde die Straßenmitte erhöht und mit Pappeln bepflanzt. 1859 kamen Platanen hinzu, die der Rambla heute ihr *unverwechselbares Gepräge* geben.

Allzuviel hat sich an der Funktion der Rambla nicht geändert. Wie kein anderer Ort der Stadt kann diese Straße in kürzester Zeit ein Bild von der **Vielschichtigkeit Barcelonas** vermitteln: schlendernde Bürger mit ihren herausgeputzten Kindern, verliebte Paare, unternehmungslustige Jugendliche, schaulustige Touristen und viele mehr. Sie alle ziehen vorbei an den zahlreichen Tischen der Cafés und Restaurants, den Bücher- und Zeitschriftenständen, dem bunten Blumen- und schrillen Vogelmarkt, den fliegenden Händlern und dem Kunstgewerbemarkt, der am unteren Ende der Rambla am Wochenende stattfindet.

Der Barça – Barcelonas Fußballclub

Wenn auf der Avinguda Diagonal der Verkehr zusammenbricht, dann wird in Barcelonas wichtigstem Fußballstadion in Kürze ein Heimspiel des **F. C. Barcelona** angepfiffen. Wenn Straßen, Restaurants und Nachtlokale wie leer gefegt sind und die Kellner gebannt auf den Fernseher starren, dann spielt bestimmt der Barça. Wenn plötzlich in der ganzen Stadt ein ohrenbetäubendes Hupkonzert losbricht und blau-rote Fahnen aus den Autofenstern flattern, dann hat der heimische Verein das Spiel gewonnen. Wenn neben dem Canaleta-Brunnen auf den Rambles ältere Herren in hitzige Diskussionen verwickelt sind, dann hat der Club Punkte verloren. Die Geschicke des Barça sind, seit der Clubgründung durch den Schweizer **Hans Gamper** im Jahre 1899, Gesprächsthema Nummer Eins in der Stadt.

Der Barça ist kein gewöhnlicher Fußballverein, sondern ›més que un club‹ – **›mehr als ein Club**‹, wie jeder Barcelonese mit Stolz versichert. Neben den sportlichen Einrichtungen unterhält der finanzstarke Verein zum Beispiel ein Museum, ein Altenheim und einen Kindergarten.

Die Geschicke des Clubs sind nicht selten mit dem Geschehen auf der **politischen Bühne** verstrickt. Während der Franco-Diktatur hatte die zentrale Macht in Madrid ein wachsames Auge auf den Verein, der nicht nur Sportbegeisterung an den Tag legte, sondern gleichzeitig nationalistisch-katalanische Gesinnung offenbarte. Erzfeind des Barça ist daher bis heute **Real Madrid**. Wenn die Madrileños eine Niederlage erleiden, freut sich ganz Katalonien.

Heimspiele finden meist am Sonntagnachmittag statt. Tausende von Zuschauern pilgern zum **Camp Nou**, Souvenirhändler machen mit blau-roten Flaggen, Trikots und ›JordiCulé‹-Aufklebern, dem Maskottchen des Vereins, ein gutes Geschäft. **Culés** (Ärsche) heißen auch die Anhänger des Barça, die diesen Namen mit Stolz tragen. Er hat seinen Ursprung in der Zeit, als im alten Stadion Les Corts die Hinterteile der Zuschauer durch die Sitzbänke schimmerten. 1957 wurde das neue Stadion, **Camp Nou**, eröffnet. Mit mehr als 98 000 Sitzplätzen ist es das größte Fußballstadion Europas.

Für auswärtige Fußballfans gehören der Besuch eines Heimspiels und die Besichtigung des **Museu F. C. Barcelona President Núñez** (Tel. 934 96 36 00, www.fcbarcelona.com, Mitte April–Mitte Okt. Mo–Sa 10–20, So 10–14.30 Uhr, Mitte Okt.–Mitte April Mo–Sa 10–18.30, So 10–14 Uhr) zu den Höhepunkten eines Barcelona-Aufenthalts. Das Club-Museum an der Arístides Maillol zeigt Dokumente und Trophäen des Barça und bietet eine audiovisuelle Vorführung über Geschichte und Bedeutung des Vereins.

17 Rambla de Canaletes

Heiße Fußballdiskussionen und ein Brunnen der Wiederkehr.

Metro L1, L3: Catalunya

Hier treffen sich die *Fußballbegeisterten* der Stadt, um die aktuellen Spiele zu kommentieren und die Siege des F. C. Barcelona zu feiern. Es gibt auch einige Cafés wie das **Nuria** (Rambla de Canaletes 127, Tel. 933 02 38 47, www.nuria.com), in dem man zu vorgerückter Stunde noch Sandwichs (Bocadillos) erstehen kann.

Der Gusseisenbrunnen **El Font de Canaletes** in der Mitte der Straße mit seinen vier kreisrunden Wasserbecken gab diesem Teil der Rambles den Namen. Obwohl das Brunnenmodell an verschiedenen Stellen der Altstadt anzutreffen ist, soll gerade dieser Rambla-Brunnen dem, der aus ihm trinkt, eine Wiederkehr nach Barcelona garantieren.

18 Rambla dels Estudis

Bunte Vogelwelt und eine bewegte akademische Geschichte.

Metro L1, L3: Catalunya

In kleinen, übereinander gestapelten Käfigen turnen und kreischen Papageien. Auf diesem Teil der Rambles ist täglich **Vogelmarkt,** was dem Straßenabschnitt auch seinen volkstümlichen Namen *Rambla dels Ocells* gab. Seine offizielle Bezeichnung verdankt er allerdings dem ersten *Universitätsgebäude* der Stadt, das 1536 hier errichtet wurde. 1450 hatte Alfons V. die Einrichtung des ›Estudi General‹ bewilligt mit den Lehrstühlen Theologie, Kanonisches Recht und Zivilrecht, Philosophie und Medizin. 200 Jahre später ergriffen die Studenten zusammen mit der Stadt die falsche Partei im Spanischen Erbfolgekrieg, und so schloss Philipp V. Anfang des 18. Jh. die Tore dieser Institution wieder und machte das Gebäude zu einem Militärquartier. 1843 wurde es endgültig abgerissen.

Die **Reial Acadèmia de Ciències i Arts de Barcelona** (Rambla dels Estudis 115, Tel. 933 17 05 36, www.racab.es), kenntlich an der Uhr im mittleren hohen Rundbogenfenster und dem *Teatro poliorama* im Erdgeschoss, erinnert an die akademische Vergangenheit. Das Gebäude (1881) im Stil der Neorenaissance daneben gehörte einst der **Compañía General de Tabacos de Filipinas**, lange Zeit eines der bedeutendsten Wirtschaftsunternehmen Spaniens. Heute beherbergt es das schicke **Hotel 1998** (Rambla dels Estudis 109, Tel. 935 52 95 52, www.hotel1898.com) mit einer phänomenalen Dachterrasse.

Die **Església de Belén** (Rambla 107/ Carrer del Carme) geht auf eine Jesuitengründung des 16. Jh. zurück. Mit dem ersten Kirchenbau, der nur die Grundfläche der heutigen Apsis einnahm wurde gegen 1533 begonnen. 1671 brannte dieses Gotteshaus ab, und man errichtete an seiner Stelle einen Barockbau. Blickfang sind die Diamantquader der *Seitenfassade* an der Rambla, die Hauptfassade weist zur Carrer del Carme. Das kleine *Relief* mit der Weihnachtsdarstellung (El Belén) über dem Portal veranschaulicht das Patrozinium der Kirche. Bauherren und Träger der Kirche vertreten die zwei *Statuen* zu seiten des Portals: Rechts steht Ignatius von Loyola, links Francisco de Borja. Der *Innenraum* entspricht ganz dem Typus der römischen Jesuitenkirche. Seltsam berührt hier die Kahlheit und ungelenke Modernität, steht man doch in einer Barockkirche. Mit Ausnahme der Kathedrale gibt es jedoch in ganz Barcelona so gut wie keine alte Kirche, die eine nennenswerte Innenausstattung besäße. Der Grund dafür ist ein wütender Kirchensturm 1936 während des Bürgerkrieges, bei dem fast alle Kirchen der Stadt in Brand gesteckt wurden.

Gegenüber der Belén-Kirche steht der **Palau Moja** (Carrer de la Portaferrissa 1, Tel. 933 16 27 40, www.gencat.cat), ein strenges Palais, das die Architekten *Francesc Pla ›El Vigata‹* und *Antoni Rovira i Trias* 1774–90 errichteten. Der einstmals große Garten an seiner Rückseite existiert nicht mehr. Die farbig schlichte, flächig gefasste Fassade strahlt die ernste Würde des Klassizismus aus und bildet so einen reizvollen Kontrast zu der barocken Üppigkeit der Diamantquaderfassade auf der anderen Straßenseite. Heute nutzt die *Generalitat*, die Regionalregierung, die großen Säle bisweilen für Ausstellungen.

19 Rambla de Sant Josep

Herrliche Blütenpracht und kulinarische Marktfreuden.

Metro L3: Liceu

Offiziell heißt dieser Abschnitt der Rambles nach einem Kloster, das einmal hier

ANTIGUA CASA FIGUERAS

stand, nur ›Rambla des hl. Josef‹. Heute aber ist das Straßenbild von einem Meer bunter **Blumen** geprägt, das ihr den Beinamen *Rambla de les Flors* eingetragen hat. Die Blumen werden an zahlreichen Ständen und **Glaskiosken** verkauft, die nach den Buchstaben von A bis R geordnet sind, gefolgt vom Namen des jeweiligen Händlers. Diese Häuschen dienten ursprünglich als Fleischstände für die Metzger, die im 19. Jh. in den Mercat de la Boqueria übersiedelten.

Bemerkenswertestes Gebäude an diesem Abschnitt der Rambles ist der elegante **Palau de la Virreina** (La Rambla 99, Tel. 933 16 10 00, www.bcn.es/virreinaexposicions, Di–Fr 11–14 und 16–20.30, Sa 11–20.30, So 11–15 Uhr). Das bürgerliche Rokokopalais war einst Witwensitz einer jungen Vizekönigin, die ihr Königreich allerdings nie gesehen hat. Der Bauherr Don Manuel Amat i Junyent war Mitte des 18. Jh. Vizekönig von Peru. Nachdem er dort ein Vermögen gemacht und 1771 von Lima aus detaillierte Pläne für den Bau eines Palastes in seine Heimatstadt Barcelona gesandt hatte, kehrte er zurück und verehelichte sich mit einer jungen Adeligen. Unglücklicherweise starb er bald und konnte sich an dem kostbar ausgestatteten Neubau nicht mehr lange erfreuen. So erhielt das Haus rasch den Namen ›Palast der Vizekönigin‹. Der Bau entstand 1772–78 unter Leitung des Architekten und Bildhauers *Carles Grau*. Die Fassade ist in einer aparten Mischung aus Rokokoelementen (in der Dekoration) und strengem Klassizismus (in der straffen Kolossalgliederung) gestaltet. Bemerkenswert ist die bekrönende *Balustrade*, mit ihren wuchtigen Vasenaufsätzen typisch für den Geschmack jener Zeit. Heute nutzt die Stadt Barcelona, das ›Ajuntament‹, das Gebäude für *Wechselausstellungen* moderner und zeitgenössischer Kunst.

Vielleicht der bekannteste unter den 38 Märkten Barcelonas ist der **Mercat de la Boqueria** (Plaça de la Boqueria, www.boqueria.info, tgl. 8–20.30 Uhr), auch Mercat de Sant Josep genannt. 1836 wurden die Markthallen in moderner Gusseisenkonstruktion an der Stelle des aufgehobenen Klosters der Carmelitas Descalzas de San José (1593–1835) errichtet. Wie überall auf den Märkten der Stadt bereitet schon ein Rundgang große Freude, mitten im Gedränge vorbei an der farbenfrohen Vielfalt der Stände.

◁ *Flaniermeile Les Rambles: Blumenmeer und Jugendstilladen Antigua Casa Figueras auf der Rambla de Sant Josep* **(oben)**, *Musikdarbietung und sonntäglicher Kunstmarkt auf der Plaça de Sant Josep Oriol* **(Mitte, unten rechts)**, *Früchterausch im Mercat de la Boqueria* **(unten links)**

An der Ecke zur Carrer de la Petxina gibt es mit der 1902 gestaltete Ladenfassade der **Antigua Casa Figueras** entzückenden Jugendstil zu bewundern. Die Besitzer des Hauses umgaben sich damals, wie viele Mäzenaten des Modernisme, mit einigen Künstlern und Kunsthandwerkern, die sich an der Gestaltung beteiligten und ein modernistisches Kunstwerk aus Reliefs, Mosaiken, Schmiedeeisen und Glas schufen. Heute beherbergt es die Patisserie *Escriba Pasteleria* (Rambla de les Flors 83, Tel. 993 01 60 27, www.escriba.es).

20 Rambla dels Caputxins

Theatervergangenheit und ruhige Oasen am Rande des Rambla-Trubels.

Metro L3: Liceu

Ungeachtet seines unscheinbaren Äußeren zählte das **Gran Teatre del Liceu** (La Rambla 51–59, Tel. 934 85 99 98, www.liceubarcelona.com) einst zu den bedeutendsten und schönsten Opernhäusern Europas. An Größe wurde es nur von der Mailänder Scala übertroffen. Hinter der an einen Bahnhof erinnernden Fassade verbarg sich ein prachtvoller, luxuriöser Saal. Am 1. Januar 1914 hob sich hier der Vorhang zur ersten autorisierten Parsifal-Aufführung außerhalb Bayreuths. Als das

Gotische Steinmetzkunst: Engel und ›der Sündenfall‹ schmücken die Kapitelle am Seitenportal von Santa Maria del Pi

Die palmenbestandene Plaça Reial am Rande der Rambles ▷

ursprünglich 1844–48 von *Miguel Garriga i Roca* errichtete und nach mehreren Bränden 1862 grundlegend restaurierte Opernhaus für das olympische Jahr 1992 nach modernsten Theaterbedürfnissen umgebaut war, zerstörte 1994 ein verheerendes Feuer den gesamten Innenraum. Die Wiederaufbauarbeiten wurden sofort in die Wege geleitet. Seit 1999 präsentiert sich das Liceu in geschickter Mischung aus originalgetreuer und neuer Architektur wieder der Öffentlichkeit.

Verlässt man die Rambla an der Plaça de la Boqueria und folgt dem Carrer del Cardenal Casañas, kommt man auf einen hübschen, von Pinien bestandenen Platz, die **Plaça del Pi**. Die gotische Kirche **Santa Maria del Pi**, nach der der Platz benannt ist, zählt neben Santa Maria del Mar [Nr. 24] und dem Monestir de Pedralbes [Nr. 84] zu den typischsten Vertretern der katalanischen Gotik in Barcelona. Gegen 1322 wurde mit dem Bau der Kirche begonnen. Die Fassade stammt noch aus dem 14. Jh., das Langhaus wurde in der 2. Hälfte des 14. Jh. mit vierteiligen, weit herabgezogenen Gewölben versehen. Drei Baumeister sind bekannt: Guillem Abiell (um 1415), Francesc Basset (um 1443), Bartomeu Mas (2. Hälfte des 15. Jh.: Kapitelsaal und Glockenturm). Der *Bau* ist ein gewaltiger Kubus, unten massig geschlossen, über der Kapellenzone treten die Strebepfeiler kräftig hervor. Sie sind von Spitzbogendurchgängen durchbrochen und bilden so einen Umgang um die Kirche in luftiger Höhe. Die Fassade besteht aus einer gewaltigen Wandfläche, durchbrochen von der großen Fensterrose. Zwei Turmansätze betonen die Ecken. Die Portalzone wirkt wie gotisches Beiwerk, die aufgesetzten Spitzbogenarkaden mit leeren Figurennischen wie Ornament. Schön sind die Köpfe in dem Kapitell des linken, äußeren Gewändes.

Café an der Plaça Reial: Lauschiges Plätzchen unter Arkaden für eine ›Jarra‹ Bier

Am Seiteneingang an der Plaça Josep Oriol gibt es interessante Kapitelle im rechten Portalgewände: Sündenfall und zwei Engel. Betritt man die Kirche, wird man von einem weiten, wunderbar ausgewogenen *Saalraum* umfangen: eine einschiffige Halle ohne Querschiff, die von einer polygonalen, fast gerundeten Apsis abgeschlossen wird. Die Wandflächen besitzen eine verhaltene, zierliche Gliederung: vorgelagerte schlanke Rundsäulchen und einen schmalen horizontalen Gesimsstab an der Unterkante der großen, farbigen Fenster. Herrlich ist die blaue *Fensterrose* über dem Portal. Sie besteht

nur aus Blumen, auf szenische Darstellungen ist vollkommen verzichtet – in Farbe, Form und Motiven ein großartiges Symbol Mariens. Allerdings ist sie ›nur‹ eine sehr gute Kopie, das Original wurde 1936 durch einen Brand zerstört.

An der Südseite der Kirche öffnet sich die **Plaça de Sant Josep Oriol**. Hier wird bei der Fiesta de la Mercè Sardana [s. S. 20] getanzt. Sonntags gibt es einen kleinen Kunstmarkt. Die Künstler treffen sich unter der Woche in dem alten Bohèmecafé **Bar del Pi** (Plaça de Sant Josep Oriol 1, Tel. 933 02 21 23, www.bardelpi.com). Gegenüber der Kirche steht ein prächtiges **Patrizierhaus** (Haus Nr. 4) mit schmiedeeisernen Balkonen – der Neue Palast der Familie Fivaller aus dem Jahre 1571.

Von außen nicht zu erkennen, da sie nur drei überdachte Eingänge besitzt, stellt die **Plaça Reial** eine Oase der Ruhe am Rande der Rambla dar, die gerne mit der Plaza Mayor in Madrid verglichen wird. 1848–59 entstand nach Entwürfen des Architekten *Francesc Daniel i Molina* ein öffentlicher Platz, eines der reizvollsten geschlossenen Bauensembles der Stadt, auf dem Gelände einer abgerissenen Klosteranlage. Die Tatsache, dass er aus völlig gleichartig erscheinenden Flügeln gebildet ist – durchlaufende *Arkaden* mit drei Geschossen darüber –, überspielt geschickt die leichte Asymmetrie des Grundrisses. Bis zur Wende vom 19. zum 20. Jh. war die Plaça Reial mit ihren schlanken Palmen, dem *Drei-Grazien-Brunnen*, den behelmten Laternen (Jugendwerke Gaudís, um 1878) und den einladenden Bänken ein Corso des Großbürgertums. Heute ist sie ein volkstümlicher Platz mit stark wechselndem Publikum. Im nördlichen und östlichen Flügel finden sich zahlreiche Cafés, Bars, Marisquerías, Bier- und Nachtlokale. Unter den nördlichen Arkaden wird Bier in der für spanische Gepflogenheiten enormen Menge von einem halben Liter, einer ›Jarra‹, ausgeschenkt. Am Sonntagvormittag werden auf dem Platz Briefmarken gehandelt.

Wie zwei gähnende Schlünde: das Doppelportal des Palau Güell von Antoni Gaudí

Ein Tipp für Liebhaber von Läden, an denen die Zeit spurlos vorübergegangen zu sein scheint, ist der Kräuterladen **L'Herbolari del Rei** (Carrer del Vidre 1, Tel. 933 18 05 12, Mo–Fr 16–20, Sa 10–20 Uhr). Er wurde 1823 von der Familie Baratta gegründet. Jede Schublade besitzt ein eigenes Bildmotiv und hinter der Ladentheke sitzen meist zwei reizende alte Damen, emsig Kräuter in Körbe zupfend. Fotografieren ist hier allerdings nicht erwünscht.

Fantastischer Garten: auf dem Dach des Palau Güell ließ Gaudí bunte Pilzkamine aus Kachelbruchstücken wachsen

TOP TIPP 1885–89 errichtete *Antoni Gaudí* [s. S. 89] den **Palau Güell** (Carrer Nou de la Rambla 3–5, Tel. 933 17 39 74, bis Jan. 2009 wegen Restaurierung geschl.) für seinen Förderer und Freund, den Industriellen Graf Eusebi Güell. Es war das erste Projekt, das Gaudí ganz in eigener Verantwortung ausführte und eine heikle Aufgabe, da das Grundstück sehr knapp geschnitten und seine Lage auch damals nicht gerade repräsentativ war. Gaudí entwickelte daher ein von der Straße abgeschirmtes, in sich geschlossenes Gehäuse. Die *Fassade* aus hellgrauem Naturstein wirkt schroff und abweisend. Wie zwei dunkle Schlünde gähnen darin die beiden parabolförmigen Toröffnungen mit mächtigen schmiedeeisernen Gittern davor. Im Untergeschoss war der Pferdestall untergebracht, sehenswert sind dort die gewaltigen, gedrungenen *Ziegelsäulen*, auf denen der sechsstöckige Bau ruht. Im Erdgeschoss konnte mit Kutschen vorgefahren werden, und man gelangte so direkt über die in der Mitte gelegene Treppe in die *Beletage* mit ihren herrschaftlichen Räumen: Salons, Schlafzimmer, Bibliothek und im Zentrum ein hoher *Saal*. Wie ein überkuppelter Patio (Innenhof) durchstößt er die gesamte Gebäudehöhe. Hier fanden Konzerte und Dichterlesungen statt, wurden Feste und Gottesdienste gefeiert – eine *Orgel* ist eingebaut. Beeindruckend sind die dunkle, gedämpfte Pracht und die Kostbarkeit der mit höchster Sorgfalt hergestellten *Innenausstattung:* Marmorsäulen, mit reichen Schnitzereien verzierte Holzdecken und Wandverkleidungen, Intarsienarbeiten, Glasmalereien und erlesenes, raffiniertes Mobiliar, speziell für dieses Haus entworfen. Der Palast zeigt bereits Gaudís ornamentales Repertoire. Er hatte die Kunst der Mauren und der Gotik für sich entdeckt und besaß die Gabe, diese zu einem unverwechselbaren Stil umzuformen. Dem entspricht auch die fantastische *Dachterrasse:* in der Mitte die 15 m hohe Kuppel des Salons, umringt von 18 bizarren Kaminen und Lüftungsschächten, die mit bunten Kachelbruchstücken verziert sind.

21 Rambla de Santa Mònica

Kunstwerke der katalanischen Moderne und eines der besten Wachsfigurenkabinette Europas.

Metro L3: Drassanes

Das heutige **Centre d'Art Santa Mònica** (La Rambla 7, Tel. 933 16 28 10, www.centredartsantamonica.net, Juli–Sept. tgl. 10–22 Uhr, Okt.–Juni Mo–Fr 10–14 und 16–19.30, Sa/So 11–15 Uhr) war ursprünglich Konventsgebäude der Barfüßigen Augustiner und später Kloster Santa Mònica. Die Umgestaltung durch die Architekten *Helio Piñón* und *Albert Viaplana* verwandelte es in ein Paradebeispiel des abstrakten Minimalismus. Das große Bullauge der direkt anschließenden Kirche Santa Mònica zieht die Blicke auf sich. Eine Rampe führt in das Kunstzentrum hinauf, das jährlich rund 20 Ausstellungen zeigt. Präsentiert wird internationale und nationale moderne und zeitgenössische Kunst. Außerdem gibt es eine kleine, aber feine Buchhandlung.

Die **Casa March de Reus** (La Rambla 8) war eines der ersten Gebäude, die nach dem Abbruch des letzten Stadtmauerstücks 1775 errichtet wurden. Bauherr war ein reicher Kaufmann aus Reus. Der Architekt *Joan Soler i Faneca* entwarf 1776 ein Gebäude über quadratischem Grundriss mit zentralem Innenhof und einem Garten hinter dem Haus. Bemerkenswert ist die Schlichtheit der streng komponierten klassizistischen *Fassade*, verwandt dem Palau Moja [Nr. 18]. In der Kartusche

Ein grünes Band durch Barcelona: die Rambles bilden eine beeindruckende Zäsur im engen Häusergewirr der Altstadt

über dem Mittelfenster des Obergeschosses ist eine Anspielung auf den Handel mit Südamerika zu sehen. Die häufig wechselnde Nutzung hatte das Innere des Hauses stark beeinträchtigt. Heute ist es restauriert und Sitz des katalanischen Kulturministeriums.

Etwas oberhalb der Casa March de Reus zweigt eine kleine Gasse rechts von der Rambla ab, kenntlich an dem kleinen, von vier grazilen Mädchenfiguren getragenen gusseisernen *Brunnen*. Am Ende der Gasse steht ein schmuckes Gebäude aus der Mitte des 19. Jh. mit schöner, zum Teil noch originaler Ausstattung. 1867 ließ es die Bank Compañía General de Crédito al Comercio errichten. Hier ist das Wachsfigurenkabinett **Museu de Cera** (Passatge de la Banca 5–7, Tel. 933 17 26 49, www.museocerabcn.com, Juli–Sept. tgl. 10–22 Uhr, Okt.–Juni Mo–Fr 10–13.30 und 16–19.30, Sa/So 11–14 und 16.30–20.30 Uhr)

Wie aus dem Leben gegriffen: Salvador Dalí als Wachsfigur im Museu de Cera

eingerichtet, das zu den besten Europas zählt. Auf drei Stockwerken sind über 300 Wachsfiguren mittels modernster Technik naturalistisch in Szene gesetzt. Der Rundgang ist historisch aufgebaut. Den Auftakt bildet eine Geschichte des Aberglaubens, angenehm gruselig dargeboten: antike Mysterien, Hexen, Mörder, schwarze Messen, Folterkammern etc. Dem folgen zur Beruhigung berühmte Persönlichkeiten aus Politik, Kunst, Geschichte und Wissenschaft. Doch Langeweile kommt nicht auf, dem beugen wunderbare nachgestellte Filmszenen vor, wie etwa Marilyn Monroe über dem U-Bahnschacht.

22 Monument a Colom

Ein ›Monument der gemischten Gefühle‹, bedeutete doch die Verlagerung der wichtigen Seewege nach der Entdeckung Amerikas einen schweren wirtschaftlichen Rückschlag für die katalanische Hafenstadt.

Metro L3: Drassanes

Die Rambla mündet zum Meer hin in die *Plaça del Portal de la Pau*. In der Mitte dieses Platzes steht die **Kolumbussäule**, weithin sichtbares Wahrzeichen Barcelonas. *Gaietà Buïgas* schuf sie für die erste Weltausstellung in Barcelona 1888 als Erinnerung daran, dass Kolumbus bei der Rückkehr von seiner ersten Amerikareise in Barcelona von den Katholischen Königen Fernando und Isabel empfangen

Panorama pur vom Café Miramar auf dem Montjuïc: Barcelona mit dem Hafen, der Kolumbussäule Monument a Colom und dem Olympischen Dorf La Nova Icària

Die in ihrer Größe und in ihrem Erhaltungszustand einzigartige mittelalterliche Schiffswerft Reials Drassanes ist heute eindrucksvoller Rahmen für das Museu Marítim

wurde. Interessant sind die *Bronzereliefs* der Sockelzone, in denen die Entdeckung Amerikas episodisch festgehalten ist. Per Aufzug gelangt man auf die obere Plattform am Ende des Säulenschafts in 60 m luftiger Höhe. Die *Aussichtsplattform* bietet einen lohnenden Ausblick über Hafen, Stadt und die mittelalterliche Werft. Die bronzene Kolumbusfigur steht noch 8 m höher.

Die rund 500 m weiter westlich an der Plaça Armada startende Hafenseilbahn **Transbordador Aeri** gibt es seit 1931. Mit ihr gelangt man zur Spitze von La Barceloneta. Der Turm Sant Jaume im Hafen ist 107 m hoch und bietet auf seiner oberen Plattform ebenfalls einen guten Blick auf Hafen, Stadt und Montjuïc.

23 Museu Marítim

Die besterhaltene und größte mittelalterliche Werft Europas beherbergt heute ein abwechslungsreiches Schifffahrtsmuseum.

Abigunda Drassanes 1
Tel. 933 42 99 20
www.museumaritimbarcelona.org
tgl. 10–20 Uhr
Metro L3: Drassanes

Vom 13. bis zum 18. Jh. wurden in den so genannten Reials Drassanes die katalanischen Kriegs- und Handelsschiffe gebaut und repariert. Als Pere II. el Grande (1276–85) den Bau der **Werft** anordnete, war Barcelona bald auf dem Höhepunkt seiner Seeherrschaft. 1381 stand bereits eine achtschiffige, steingewölbte Halle, in der 30 Galeeren gleichzeitig gebaut werden konnten. Im 16. und 17. Jh. kamen weitere Hallen hinzu. 1663 übernahm die Spanische Krone die Werft. Im 18. Jh. wurden die beiden mittleren Hallen zu einem großen Hauptschiff verbunden. Ab 1792 bis ins 20. Jh. nutzte die Artillerie die Drassanes als Kaserne. Seit 1936 beherbergt die einstige Werftanlage das **Museu Marítim**. Die Anfänge der Seefahrt, die Geschichte von der Segel- zur Dampfschifffahrt, Schlachten, Entdeckungen und Handel werden hier lebendig dargestellt. In den weiten Hallen sind Fischerboote aus aller Welt, Modelle sowie Seekarten, nautische Instrumente, Kunst, Münzen usw. zu sehen. Einer der Höhepunkte ist das Admiralsschiff von *Don Juan d'Austria*. Es wurde anlässlich des 400. Jahrestages der Seeschlacht von Lepanto (7. Oktober 1571) originalgetreu nachgebaut. Die Galionsfigur, der so genannte *Cristo de Lepanto*, wird heute in der Kathedrale verehrt. Auch das Museumsschiff *Santa Eulàlia* (Mai–Okt. Di–Fr 12–19.30, Sa/So 10–19, Nov.–April Di–Fr 12–17.30, Sa/So 10–17.30 Uhr) ist unbedingt einen Besuch wert. Der 1918 erbaute und rekonstruierte Dreimastschoner liegt an der Moll de les Drassanes.

Barri La Ribera – ein Viertel voll Charme und Lebensfreude

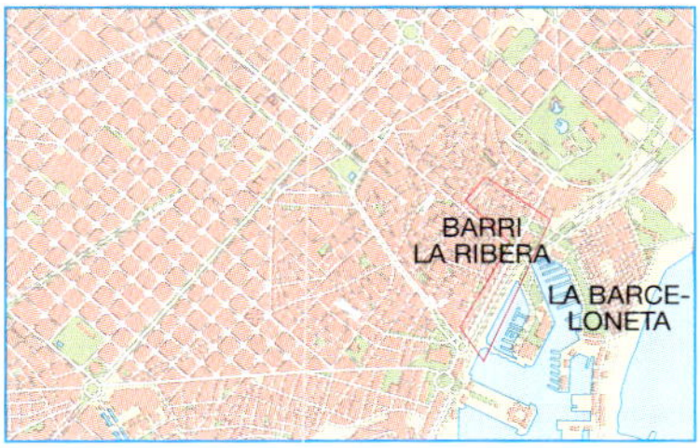

Im 10. Jh. entstanden entlang der vier ehem. römischen Hauptstraßen, die aus Barcelona hinaus führten, ungeschützte Vorstädte, die so genannten Vilanovas. Am Handelsweg nach Rom lebten Händler und Kaufleute in Vilar de Sant Pere und La Bòria. An der Straße zum Meer entstand Vilanova del Mar, eine Siedlung von Fischern und Seeleuten. Der neu angelegte **Carrer Montcada** verband diese Vorstädte. Das so entstandene Viertel, erst im 14. Jh. in die Stadtbefestigung einbezogen, wurde zum Zentrum der katalanischen Wirtschaftsexpansion im Mittelmeerraum. Die Kirche **Santa Maria del Mar** ist das Wahrzeichen für das Selbstbewusstsein und den Wohlstand der Kaufleute und Seeleute Barcelonas.

Die **Plaça del Àngel** ist heute Kreuzungspunkt von drei wichtigen Straßen – der Via Laietana, dem Carrer de la Princesa und dem Carrer de la Argenteria. Vom dortigen Straßencafé aus betrachten sich Barceloneser und Fremde in aller Gemütsruhe das hektische Verkehrsgetriebe. Im 10. Jh. war dieser Platz ein Feld vor dem Haupttor der Stadt, dessen Umgebung allmählich bebaut wurde. Der **Carrer de la Argenteria** war die Straße der Schwert-, Lanzen- und Degenschmiede, später kamen die Silberschmiede hinzu. Noch um 1850 galt sie als die im wahrsten Sinne des Wortes glanzvollste der Stadt. Der **Passeig del Born** war Schauplatz von Stadtfesten, Turnieren und Jahrmärkten. 1714 wurde auf Geheiß Philipps V. seine östliche Hälfte für den Bau der Zitadelle abgerissen.

Mit der Verlegung der großen Schifffahrtsrouten in den Atlantik verlor auch das Hafenviertel viel an Bedeutung. Bei ständig dichter werdender Bebauung kam es immer mehr herunter. Erst Ende des 20. Jh. öffnete sich das Barri La Ribera, heute beliebtes Wohn- und Erlebnisviertel, wieder zum Meer hin.

24 Santa Maria del Mar

TOP TIPP

Ein architektonisches Juwel der katalanischen Gotik in herber Strenge und Klarheit.

Plaça Santa Maria
Mo–Sa 9–13.30 und 16.30–20,
So 10–14 Uhr
Metro L4: Jaume I

Der Legende nach war der Bauplatz dieser Kirche schon seit dem frühen Christentum von besonderer Bedeutung. An dieser Stelle soll der Apostel Jakobus d. Ä. gepredigt haben, dessen Grab seit dem 9. Jh. in Santiago de Compostela hoch verehrt wird. Die Predigt war der Anlass für den Bau einer ersten, kleinen Kapelle. Um 304 wurde der gemarterte Leichnam der hl. Eulalia hier bestattet. Anfang des 8. Jh. versteckten Gläubige die Gebeine der Heiligen aus Furcht vor den Mauren dann so gut, dass man sie erst 150 Jahre später wieder entdeckte und 1339 in die Kathedrale überführte. 1329 wurde der Grundstein zu der heutigen, gotischen Kirche gelegt. Nach einer Rekordzeit von nur 55 Jahren konnte sie bereits 1384 geweiht werden. Santa Maria del Mar ist die einzige gotische Kirche in Barcelona, die tatsächlich ganz fertig gestellt wurde. Alle in La Ribera vertretenen Zünfte beteiligten sich am Bau. Die Lastenträger, die Bastaixos und Macips de

◁ *Nüchterne Pracht: Die Fassade von Santa Maria del Mar offenbart die Strenge der katalanischen Gotik*

Capçana, taten sich durch ihre eifrigen und kostenlosen Dienste besonders hervor. Ihr Einsatz ist auf einer kleinen Bronzetafel im Hauptportal und zwei schönen marmornen Reliefplatten zu seiten der Altarstufen lobend festgehalten. Im Spanischen Erbfolgekrieg wurde die Kirche 1714 vom französisch-spanischen Heer bombardiert. Die Folge waren zerstörte Gewölberippen und Schlusssteine, die, notdürftig mit Gips restauriert, bei dem **Kirchenbrand** 1936 erneut herunter brachen. Die jüngsten Restaurierungsarbeiten wurden 1990 abgeschlossen. Santa Maria del Mar ist im Grunde ein politischer Bau. Nach dem Willen der mittelalterlichen Stadt sollte er zum Symbol der triumphierenden Seeherrschaft Kataloniens werden. Denn Alfons III. el Benigno (1327–36) legte den Grundstein für das repräsentative Gotteshaus unmittelbar nach der Eroberung Sardiniens, welche den 1229 mit Mallorca begonnenen Erwerb mittelmeerischer Besitzungen Kataloniens abrundete. Mit dieser Kirche gelang Baumeister Berenguer de Montagut ein Juwel der katalanischen Gotik.

Das **Äußere** der Kirche besitzt die typisch nüchterne Strenge dieses Stils: großflächige, nackte Ziegelmauern, unterbrochen nur von zwei schmalen, umlaufenden Gesimsen, die Öffnungen treten gegenüber der Wand zurück. Hohe kräftige *Strebepfeiler* gliedern die Fassade in drei Abschnitte, die den Schiffen im Inneren entsprechen. Auf Strebewerk ist am Außenbau verzichtet. Die flankierenden, schlanken, achteckigen *Türme* schließen ohne Turmhelme oben gerade ab. Sehenswert ist das *Trichterportal* mit dem sitzenden, segnenden Christus im Tympanon. Zu seinen Seiten knien Maria und Johannes (Deesis). Unter Baldachinen an den Ecken sind die Heiligen Petrus und Paulus dargestellt. Der Rest der Portalskulptur fiel dem Kirchenbrand 1936 zum Opfer.

Im **Inneren** der Kirche öffnet sich ein weiter, hoher Hallenraum, durchflutet von gedämpftem, farbigen Licht. Ähnlich wie am Außenbau wird wieder die Wand betont, die wie eine ausgespannte Fläche wirkt. Neuartig ist das Bemühen, die Gewölbelasten zu bündeln und an wenigen markanten Punkten abzuleiten. Das *Hauptschiff* besitzt nur vier schlanke, oktogonale Pfeilerpaare, das fünfte verschmilzt bereits mit der Wand. Eine weitere Besonderheit sind die ganz um die Kirche herumgeführten Kapellen zwischen den nach innen gezogenen Strebepfeilern, woraus eine Art Umgang aus hohen, schmalen Spitzbogen entsteht. Die *Gewölbe* über den Schiffen überspannen eine lichte Weite von 13 m, für damalige Verhältnisse extrem viel. Höhepunkt des streng konzipierten Innenraums ist der filigrane *Pfeilerkranz* um die Apsis, der in ein siebenteiliges Gewölbe mit weit herabgezogenen Segeln übergeht. Die harmonische Stimmigkeit dieses leichten, hohen und weiten Raumes ist unleugbar Zeugnis für ein einheitliches und souveränes Baukonzept.

Von der ursprünglichen **Ausstattung** ist nach dem Kirchenbrand 1936 wenig erhalten. Gleiches gilt für die Glasmalereien. Die *Fensterrose*, in deren Zentrum die Marienkrönung steht, ist eine Rekonstruktion nach dem Original von 1478. Original erhalten blieben die beiden *Fenster* auf der Evangelienseite mit der ›Himmelfahrt‹ und der ›Fußwaschung‹ sowie einige in der Apsis mit geometrischen Motiven. Die acht Fenster im Mittelschiff stammen aus dem 19. Jh. Die *Schlusssteine* am Mittelschiffgewölbe sind restauriert und wieder farbig bemalt.

25 Carrer Montcada

Die Prachtstraße des mittelalterlichen Barcelona ist von den vornehmsten gotischen Palästen gesäumt.

Metro L4: Jaume I

Der Carrer Montcada – die Verbindung zwischen dem Carrer de la Princesa und dem Passeig del Born – ist eines der geschlossensten **Architekturensembles** und zugleich einer der beeindruckendsten Straßenzüge Barcelonas. Hier trifft man auf Beispiele mittelalterlicher Zivilarchitektur, wie sie sich an keiner anderen Stelle der Stadt in vergleichbarer Qualität erhalten hat.

Die Straße wurde als Verbindung zwischen den beiden Stadtvierteln Barri Comercial und Barri Marítim angelegt. Breiter und gerader als die Gassen der Altstadt, avancierte sie rasch zur vornehmsten Straße, an der sich vor allem Patrizier niederließen. Hier wurden vom 13. bis zum 16. Jh. prächtige **Adelspaläste** errichtet, in denen sich das gesellschaftliche Leben abspielte. Nachdem im 19. Jh. im Zuge der Stadterweiterung manche Paläste zu Mietshäusern umfunktioniert worden waren, erklärte man den Carrer

Großartige Harmonie: Lichtdurchflutet und filigran zeigen sich Hauptschiff und Chor der gotischen Kirche Santa Maria del Mar

Montcada 1947 zum ›Nationalen Monument‹ und begann 1953, architektonisch interessante Gebäude als **Museen** oder kulturelle Einrichtungen zu nutzen.

Geht man von der Plaça Montcada in die gleichnamige Straße, zweigt zur Rechten eine extrem schmale Gasse ab, der *Carrer de les Mosques*. Er ist durch ein Gitter verschließbar. Etwa in der Mitte geht von ihm eine zweite Gasse ab, der *Carrer Seca*. Wie der Name besagt, steht hier die **Münze**. Deren Haupteingang befindet sich im Carrer de Flassaders 40, kenntlich an dem üppigen Giebel mit dem Bourbonenwappen darüber. Noch im Jahr 1836 wurden hier Peseten mit der Aufschrift ›Principado de Catalunya‹ geprägt.

26 Palau Cervelló-Giudice

Moderne Kunst in einem gotischen Palast.

Carrer Montcada 25
Metro L4: Jaume I

Der Palau Cervelló-Giudice wurde im 15. Jh. errichtet und später im Geschmack der Renaissance verändert. Seine **Fassade** besteht aus ungewöhnlich großen Steinen, die besser bearbeitet waren als damals in Barcelona üblich. Im Ganzen entspricht der Bau dem Typus des gotischen katalanischen Palastes: *Rundbogenportal*, eingefasst von großen Keilsteinen, hohe *Triforienfenster* auf schlanken Säulen und eine hölzerne *Galerie* zum Schutz vor Sonne und Staub als oberer Abschluss. Die Fenster des Hauptgeschosses wurden im 17. Jh. in Balkone verwandelt. Im **Innenhof**, rechts an der Wand, befindet sich die übliche überdachte Treppe und darunter ein Zieh-

Erholsame Mußestunde: Das Café-Restaurant im kühlen Innenhof des Palau dels Marqués de Llió lädt zu einer Pause mit Imbiss und Erfrischung ein

brunnen. Heute beherbergt das Gebäude die **Galería Maeght** (Tel. 933 10 42 45, www.maeght.com, Di–Sa 10–14 und 16–20 Uhr), eine Dependance der bekannten Pariser Galerie. Wechselausstellungen präsentieren Werke moderner und zeitgenössischer Künstler.

27 Palau Dalmases

Der Treppenaufgang birgt eines der wenigen Renaissance-Kleinodien Barcelonas.

Carrer Montcada 20
Metro L4: Jaume I

Die heutige Gestalt des Gebäudes ist das Ergebnis einer grundlegenden Restaurierung in der Mitte des 17. Jh. Von dem ursprünglich gotischen Palast sind nur mehr wenige Reste erhalten. Unbedingt sehenswert ist der *Innenhof* mit seiner Treppe, die ein Meisterwerk der in Barcelona nur spärlich vertretenen Renaissancekunst ist. Das reich verzierte **Treppengeländer**, unterteilt von drei gedrehten und mit Weinlaub umwundenen Säulen, in denen Putti und Vögel spielen, bringt heitere, arkadisch-antikische Klänge in die strenge, düstere gotische Umgebung. Im unteren Abschnitt ist ein **Tritonenzug** dargestellt. Der Meeresgott sitzt in flatterndem Mantel in seinem Muschelwagen, der von zwei Seepferden gezogen wird. Ihn begleiten eine muschelhornblasende Nereide und sechs geflügelte *Amoretten*, eine als Reiterlein, eine fliegt über dem Wagen, zwei sitzen darin und zwei schwimmen im Wasser. Dem Künstler gelang es, durch raffinierte Vor- und Rückwendungen seiner Figuren den unmittelbaren Eindruck eines Geschehens zu vermitteln. Der Tritonenzug stürmt geradezu durch die aufrauschenden Wellen dahin. Im oberen Abschnitt des Geländers ist die Geschichte der **Entführung Europas** dargestellt. Diese Komposition wirkt ruhig und ausgeglichen, die Titelgestalt ist von lagernden und sitzenden Amoretten umgeben. Zwischen den beiden Szenen sind, unter den Säulen, Reliefs mit Musikanten eingeschoben. Hervorragend gestaltet ist die *Lautenspielerin* am Beginn der Treppe. Ihre energiegeladene, gespannte Körperhaltung und ihr stolzer, konzentrierter Gesichtsausdruck könnten einer Flamencotänzerin gehören. Wunderbar herausgearbeitet sind die feinen Gesichtszüge und die üppigen Ohrgehänge. Heute ist in dem Gebäude die beliebte Bar **Espai Barroc** (Tel. 933 10 06 73) untergebracht. Und auch die **Galeria Montcada** (Tel. 932 68 00 14, www.galeriamontcada.com, Di–Sa 10.30–14.30 und 16.30–20.30 Uhr) für zeitgenössische Kunst findet man hier.

28 Palau dels Marqués de Llió

Neues Designzentrum in gotischen Räumen.

Carrer Montcada 12
Tel. 933 19 76 03
www.museutextil.bcn.es
Di–Sa 10–18, So 10–15 Uhr
Metro L4: Jaume I

Der Palau dels Marqués de Llió gehört zu den größten in der Carrer Montcada. Seine zur Straße hin abweisend strenge **Fassade** ist ein weiteres Beispiel für die Bauweise des 14. Jh.: links an der Seite ein quadratischer *Turm*, der erste Stock wie immer besonders betont und als oberer Abschluss eine hölzerne *Altane*. Die quadratischen Fenster im Erdgeschoss mit Skulpturenschmuck stammen aus dem 16. Jh. Besonders schön gearbeitet sind die beiden Köpfe – Mann und Frau – am Fenster nächst dem Eingang.

Geht man durch das Portal, so öffnet sich ein überraschend großzügiger **Innenhof**, durch einen Spiegel täuschend auf seine doppelte Breite erweitert. Einen Teil des Innenhofs und den Raum auf der rechten Seite nimmt das angenehme **Textil Café** (Tel. 932 68 25 98, www.textilcafe.com, Di–So 10–24 Uhr) ein, das auch eine gute Auswahl vegetarischer Gerichte anbietet. Die Vorhalle gegenüber dem Eingang stammt aus dem 17. Jh., die Büstenreliefs der schönen spätgotischen Fensterrahmungen darüber zeigen deutlich Renaissanceeinfluss.

Im Inneren des Palastes wird derzeit ein neues **Zentrum für Design** eingerichtet, in dem Ausstellungen zu den Themen Produktdesign, Architektur, visuelle Kommunikation und Mode präsentiert werden. Die Eröffnung ist für Sommer 2008 geplant.

Im ersten Raum des Erdgeschosses bietet sich dann wieder eine der wenigen Gelegenheiten, einen Eindruck von den wuchtigen, gemauerten *Gewölben* zu bekommen, die den gotischen Palast tragen. Die Bandrippen liegen in der Mitte des Raumes auf einer frei stehenden Rundstütze auf. Durch den Innenhof und über die Freitreppe, die in einem barocken Portal endet, gelangt man in das Obergeschoss. Zwei Räume (9 und 13) besitzen originale, weitgehend erhaltene *Holzdecken* mit geschnitzten und bemalten Balken. Weitere Beispiele dieser Art kann man im Museu Nacional d'Art de Catalunya [Nr. 67] finden.

29 Museu Barbier-Mueller d'Art Precolombí

Faszinierende Werke präkolumbischer Kunst in einem gotischen Stadtpalast.

Carrer Montcada 14
Tel. 933 10 45 16
www.barbier-mueller.ch
Di–Fr 11–19, Sa 10–19, So 11–15 Uhr
Metro L4: Jaume I

Der **Palau Nadal** (Carrer Montcada 14), entspricht dem gotischen Palasttypus mit seitlichem Turm und hölzerner Altane als oberem Abschluss. In der Renaissance wurde er teilweise umgestaltet. Die Portaleinfassung in toskanischer Ordnung stammt aus dem Klassizismus. Bemerkenswert an den Fensterumrahmungen des Erdgeschosses sind die steinernen Köpfe eines alten Mannes und einer jungen Frau.

In seinem Innern zeigt das **Museu Barbier-Mueller d'Art Precolombí** Schätze präkolumbischer Kunst, darunter Skulpturen, Keramiken, Stoffe und rituelle Objekte, die damals aus der Neuen Welt nach Spanien verschifft wurden. Die wertvolle Sammlung wird in Wechselausstellungen präsentiert.

30 Museu Picasso

TOP TIPP

Das prächtigste Patrizierhaus in der Straße ist dem grandiosen Schaffen Pablo Picassos gewidmet.

Carrer Montcada 15–23
Tel. 933 19 63 10
www.museupicasso.bcn.es
Di–So 10–20 Uhr
Metro L4: Jaume I

Der **Palast** der Familie Berenguer d'Aguilar zeigt zwar noch Spuren aus dem 13. und 14. Jh., geht in seinem heutigen Zustand jedoch weitgehend auf eine Umgestaltung unter Joan Berenguer d'Aguilar im 15. Jh. zurück. Weitere Umbauten fanden im 16. und 18. Jh. statt. Nur wenige der picassobegeisterten Besucher beachten die reich skulptierten *Fensterrahmungen* des Erdgeschosses, von denen besonders die beiden rechten einen Blick wert sind. Hier gibt es männliche und weibliche Kentauren, kämpfende Rosse, Amoretten und einen die Gaità spielenden Mann. Der *Innenhof* mit seinen schlanken Spitzbogenarkaden erinnert an den gotischen Patio des Palau de la Generalitat [Nr. 6]. Möglicherweise war *Marc Safont*, der Baumeister der gotischen Teile der Generalitat, am Bau dieses Hauses beteiligt.

Seit 1963 ist in der Casa Berenguer d'Aguilar, dem anschließenden Palau Baró de Castellet und drei weiteren Palästen das **Museu Picasso** untergebracht. Den Grundstock bildete die Schenkung eines engen Freundes des Künstlers, *Jaume Sabartés*. Ihm gehörte ein Großteil der grafischen Blätter. Picasso selbst vermachte dem Museum 1968 die Serie ›Las Meninas‹ und 1970 eine bedeutende Sammlung von Jugendbildern. Dieser Bestand wurde weiter ergänzt, u. a. 1982 durch 41 Picasso-Keramiken, ein Geschenk seiner zweiten Frau Jacqueline Rocque.

Der Schwerpunkt des Bestandes liegt auf dem Frühwerk des Meisters mit Porträts der Eltern und der Schwester sowie akademischen Studien. Mit dem großen Bild *Ciencia y Caridad* (1897) nahm Pablo Picasso als Sechzehnjähriger bereits an der Exposición Nacional de Bellas Artes in Madrid teil. Die Übersiedlung nach Paris (1904) markiert den Beginn der sogenannten Blauen Periode, vertreten durch *Das kranke Kind* (1904). Das Blatt *El Loco* (1904) lässt auf eine Beschäftigung des Künstlers mit El Greco schließen. Zu den bekanntesten Exponaten des Museums in Barcelona zählen der *Arlequi* (1917) und die Variationen nach Velázquez, *Las Meniñas* (1957). Ein Picasso immer wieder fesselndes Thema war der Stier. Ausgestellt ist hier die *Tauromaquia* (1957), eine grafische Serie über den Stierkampf, zusammen mit ihren 26 Ätzplatten. Die Blätter sind thematisch zwischen Don Quijote und kretischer Stierkunst angesiedelt und erlangen ihre Lebendigkeit durch die Spannung zwischen weißer Fläche und schwarzer, äußerst sparsamer Figuration. Außerdem beleuchten Wechselausstellungen spezifische Aspekte in Picassos Werk.

31 Basilica de la Mercè

Die ›Muttergottes des Erbarmens‹ ist eine der Stadtheiligen Barcelonas und wird von der Bevölkerung innig verehrt. Einmal im Jahr ist die ihr geweihte Barockkirche Ausgangspunkt für die ausgelassene ›Festa de la Mercè‹.

Plaça de la Mercè 1
Tel. 933 15 27 56
Metro L3: Drassanes

Die Figur der **Jungfrau de la Mercè** in wehendem Gewand auf der Kuppel der Kirche, weithin sichtbar von der Uferpromenade und vom Meer, ist ein Wahrzeichen der Stadt. 1267 wurde dort, wo heute die Basilica de la Mercè steht, die Mutterkirche des Ordens der Mercedarier geweiht. Dieser Orden hatte sich zur Aufgabe gemacht, christliche Gefangene aus den Händen nordafrikanischer Araber zu befreien.

Die gotische **Kirche** aus dem frühen 15. Jh. wurde 1639–42 unter Leitung der Gebrüder Santcana um eine weitläufige, barocke Klosteranlage erweitert. Im 18. Jh. wurde diese abgerissen und von *Josep Mas* ein Neubau errichtet, im Stil der römischen Gegenreformation, eng verwandt mit der Kirche Església de Belén [Nr. 18] an den Rambles. Die spätbarocke geschwungene **Fassade** – die einzige derartige in Barcelona – wurde von *Carles Grau* dekoriert (von dem auch die Fassade des Palau de la Virreina [Nr. 19] stammt). Im **Inneren**

Oben: *Aus Vermächtnissen und Schenkungen entstand das Museu Picasso, in dem das gewaltige und vielschichtige Œuvre des Künstlers anschaulich präsentiert ist*
Unten: *Das von Pere Moragues geschnitzte Gnadenbild der Jungfrau de la Mercè wird von den Bewohnern Barcelonas hoch geachtet*

beeindruckt ein reich geschmückter barocker Saalraum, tonnengewölbt mit Kuppel über der Vierung. Da die Kirche 1936 innen stark beschädigt wurde, ist von der **Ausstattung** nur wenig erhalten. Das hoheitsvolle *Gnadenbild* über dem Hochaltar schnitzte Pere Moragues 1361. Leider verschwindet die Marienfigur fast vollständig unter der Last ihres kostbaren Gewandes. Das Kind ist eine Arbeit aus dem 15. Jh. In der linken Seitenfassade (Carrer Ample) findet sich ein gotisches *Portal*, datiert 1519, das von der abgerissenen Kirche Sant Miquel stammt.

Die **Konventsgebäude**, in die das große Portal rechts neben der Kirchenfassade führte, besitzen einen herrlichen *Renaissance-Innenhof* aus dem 17. Jh., ausgeführt in Marmor und mit farbigen Kacheln dekoriert.

32 Moll de la Fusta

Wiedergewonnener Flanierstreifen am Meer.

Moll Bosch i Alsina
Metro L3: Drassanes

Die Moll de la Fusta, ehem. Holzdeponie des Hafens (katalan. fusta = Holz), ist das Aushängeschild der umwälzenden Veränderung der Seeseite Barcelonas. Noch 1878 besaß die Stadt eine Promenade am Meer auf einer 6 m hohen Kaimauer aus Bruchsteinen – am Rande der verwinkelten Altstadt ein großzügiger städtischer Straßenraum. Der ›Plan Cerdà‹ [s. S. 76] zur **Stadterweiterung** im 19. Jh. brachte

Moll de la Fusta: Barcelonas Palmenpromenade am Meer

Die Fußgängerbrücke Rambla de Mar verbindet die Moll de la Fusta mit der Moll d'Espanya

eine Verlagerung des vornehmen Lebens in die breiten Straßen der Eixample und die zunehmende Industrialisierung eine Sperrung der Kaipromenade für die Öffentlichkeit. Schließlich machte der ständig wachsende Verkehr eine Altstadtumfahrung entlang der Küste notwendig. Erst die bevorstehende Olympiade 1992 forcierte das Bemühen, die durch Straßen- und Hafenanlagen völlig verbaute Meerseite für die Öffentlichkeit wiederzugewinnen. Die Lösung des Architekten *Manuel de Solà-Morales* ist ungewöhnlich mutig. Er gliederte den *Uferbereich* in drei große Zonen: Straße, erhöhte Promenade und unmittelbare Uferzone. Zum Spaziergang lädt ein breiter **Flanierstreifen**, der von hohen Palmen gesäumt wird. Wahrzeichen der Moll de la Fusta sind zwei leuchtend rote **Ziehbrücken**, die über Rampen Meeres- und Aussichtsebene miteinander verbinden, sowie die Skulptur **Barcelona Head** (1992) von Roy Liechtenstein.

Die moderne Fußgängerbrücke Rambla de Mar verbindet die Moll de la Fusta mit der **Moll d'Espanya**, auf der das Einkaufszentrum **Maremàgnum** (www.maremagnum.es) mit Boutiquen, Restaurants und Kinos steht. Großes Highlight ist das riesige **Aquarium** (Tel. 932 217 474, www.aquariumbcn.com, Juli/Aug. tgl. 9.30–23 Uhr, Juni, Sept. tgl. 9.30–21.30 Uhr, Okt.–Mai tgl. 9.30–21 Uhr), in dem sich Pinguine, Clownfische und Haie tummeln. Ein transparenter Unterwassertunnel ermöglicht einen aufregenden Spaziergang in dem 4500 m³ großen Becken *Oceanari*.

Tapa-Lokale am Hafen Barcelonas sind die ideale Adresse für eine kurze Mittagspause

Von der Rambla zur Zitadelle und nach La Barceloneta – Kontraste am Rande der Altstadt

Etwas abseits der ausgetretenen Pfade des Barri Gòtic und des westlich anschließenden Viertels La Ribera führt ein abwechslungsreicher Spaziergang zu verträumten Plätzen, Meisterwerken des Modernisme und exquisiten Museen. Einen lebhaften Kontrast bietet eine Promenade auf dem von Flaneuren reich bevölkerten Passeig de Lluís Companys vom **Arc de Triomf** bis zum **Parc de la Ciutadella**, einer beliebten grünen Lunge Barcelonas. Eine eigene Welt eröffnet sich südlich davon in dem während des 18. Jh. planmäßig angelegten Fischerviertel **La Barceloneta**, das sich heute mit einem modernen Gesicht präsentiert.

33 Santa Anna

Stiller Platz mit mittelalterlichem Wegkreuz und kleiner gotischer Kirche.

Carrer Santa Anna 27
Metro L1, L3: Catalunya

Im lebendigsten Teil der Stadt, nahe der großzügig angelegten Plaça Catalunya und den stets betriebsamen Rambles, gibt es einen ruhigen **Platz** mit Wegkreuz, Zypressen und einem Kirchlein. Die meisten Passanten schlendern vorbei, ohne den Durchgang in der Häuserfront überhaupt wahrzunehmen.

Die Kirche **Santa Anna** geht auf eine Gründung des Ordens vom Heiligen Grab 1141 zurück. Ein Brand zerstörte 1936 die Kuppel, die unaufdringlich in Ziegelbauweise rekonstruiert wurde. Das schlichte *Äußere* zeigt noch gut den kreuzförmigen Bau aus dem 12. Jh. mit quadratischer Apsis und zentraler Kuppel. Der heutige Eingang stammt aus dem 13. Jh. Im Laufe des 14. Jh. wurde das *Hauptschiff* erhöht, überwölbt und durch seitliche Kapellen erweitert. Im 15. Jh. kam der schöne zweistöckige **Kreuzgang** mit schlanken, vierteiligen Säulchen und dem von Bäumen umgebenen Ziehbrunnen hinzu. Außerdem entstand damals der **Kapitelsaal**, heute die kleine seitliche Kapelle, durch die man die Kirche betritt. Das Kloster war so bedeutend, dass die Katholischen Könige Fernando und Isabel 1493 in seinen Mauern einen Hoftag abhielten.

◁ *Grandioser Säulenwald: Modernisme-Balkon des Palau de la Música Catalana*

34 Casa Martí

›Els Quatre Gats‹, Künstlertreffpunkt des Modernisme.

Carrer Montsió 3
Metro L1, L3: Catalunya

Das hohe **Jugendstilhaus** mit den schmiedeeisernen Balkonen, eingezwängt in eine schmale Gasse, wird von den meisten Passanten kaum beachtet, dabei ist es das erste wichtige Werk (1896) von *Josep Puig i Cadafalch* (Casa Terrades, Casa Amatller, Palau Baró Quadras). Furchteinflößend wirkt der vom hl. Georg, dem Landespatron Kataloniens, besiegte Drache am rechten Hauseck (Bildhauer Eusebi Arnau). Fast wie eine Signatur erscheint dieses Motiv an den meisten der Bauten von Puig i Cadafalch.

Jeder, der sich für den Modernisme in Barcelona interessiert, hat schon von dem berühmten Lokal im Erdgeschoss des Hauses gehört, dem **Els Quatre Gats** (Tel. 933 02 41 40, www.4gats.com). Hier trafen sich seit 1897 die Künstler des aufkommenden Modernisme, besonders die Gruppe um Casas, Rusiñol

TOP TIPP

und Utrillo. Die jungen Talente, unter ihnen *Pablo Picasso*, pinnten ihre neuesten Werke an die Wand, in der Hoffnung, die Aufmerksamkeit der Presse auf sich zu ziehen. Picasso illustrierte zum Zeitvertreib die Speisekarte mit dem täglichen Menü (zu sehen im Museu Picasso [Nr. 30]). Man veranstaltete Konzerte, Dichterlesungen und Theateraufführungen. 1899 wurde die Zeitschrift ›Els Quatre Gats‹ gegründet. Markenzeichen des Lokals war ein großes Bild von *Ramón Casas*, das ihn selbst und Pere Romeu weiß gekleidet und tropenbehelmt auf dem Tandem zeigt (Museu Nacional d'Art de Catalunya [Nr. 67]). Heute ist das ›Els Quatre Gats‹ zwar kein Künstlertreff mehr, doch die stilgerechte Innenausstattung und die angenehme Atmosphäre machen einen Besuch trotzdem lohnend.

35 Palau de la Música Catalana

Ausdruck katalanischer Musikbegeisterung, Tempel der katalanischen Renaixença und Gesamtkunstwerk des Modernisme.

Carrer Sant Pere Més Alt
Tel. 902 44 28 82
www.palaumusica.org
Führungen tgl. 10–15.30 Uhr,
Aug. tgl. 10–18 Uhr, sie können wegen Proben ausfallen
Metro L1, L4: Urquinaona

Auf den ersten Blick erscheint das *Konzerthaus* Palau de la Música Catalana skurril, überladen, wenn nicht kitschig. Es gibt zuviel von allem: geblümte Kachelsäulen mit Fantasiekapitellen, pathetische Büsten, buntes Glas, schwülstige Bauplastik etc. Dennoch ist dieser Palast der Musik, überquellend an Gestaltungswillen, eines der besten Beispiele für den **Modernisme**. Die ungestüme industrielle Entwicklung Kataloniens brachte gegen Ende des 19. Jh. ein Bürgertum hervor, das nach neuer Selbstdarstellung verlangte. Die Katalanen fanden im Mittelalter die Wurzeln ihres kulturellen und politischen Erbes. In diesen Zusammenhang gehören die Wiederbelebung der *katalanischen Sprache*, die Betonung besonderer *katalanischer Traditionen* und die Pflege historischer Sehnsüchte. Der Modernisme wurde zu einem wesentlichen Ausdrucksmittel dieser *Renaixença*. Er war weit mehr als eine Kunstbewegung, voll von Symbolen und mit enormer Ausdruckskraft. Der Palau de la Música Catalana hatte in diesem geistigen Klima die Bedeutung eines Palastes der Wiedergeburt Kataloniens in seiner einstigen kulturellen Größe.

Bauherr war die katalanische Chorvereinigung ›Orfeó Català‹, gegründet 1891. *Lluís Domènech i Montaner* errichtete den Palast 1905–08 auf einem kleinen, unregelmäßig geschnittenen Grundstück der

Üppig wuchernde Jugendstildekoration: Die Innenausstattung des Palau de la Música Catalana fasziniert durch ihre Fülle und das Zusammenspiel verschiedener Materialien

Altstadt. Am **Außenbau** prangt an der Ecke Carrer Sant Pere més alt/Amadeu Vives die gewaltige Skulpturengruppe *Das Volkslied* von Miquel Blay. Auf den reich mit Kachelblumen dekorierten Säulen im Obergeschoss sind *Büsten* berühmter Komponisten zu sehen, u.a. von Bach, Beethoven und Wagner.

Im großen **Saal** beeindruckt die plastische Rahmung der Bühne. *Skulpturen* und *Reliefs* (Pau Gargallo) verbinden sich zu einer üppigen Dekoration. Aus der farbigen *Glasdecke* ›tropft‹ die Hängekuppel wie ein gewaltiger Lüster herab. In der gesamten Innenausstattung des Konzerthauses überwältigt die Üppigkeit und Dichte des Dekors: Skulptur, Glas, Keramik, Schmiedeeisen – ein faszinierendes Zusammenspiel unterschiedlichster Materialien. Die Sockelplatte eines *Rundturms* am Anbau ist wie ein monumentaler Blütenboden gestaltet – Zitat aus der Casa Fuster [Nr. 55] von Domènech i Montaner. Der Turm markiert seit der aufwendigen Restaurierung den **Haupteingang**. Eine vorgehängte Glasfassade erweitert das Foyer.

Einst Eingangstor der Weltausstellung 1888: Der maurisch inspirierte Arc de Triomf von Josep Vilaseca ist heute grandioser Auftakt des Passeig de Lluís Companys

36 Arc de Triomf

Prachtvolle Kulisse für eine der beliebtesten abendlichen Promenaden.

Metro L1: Arc de Triomf

Der ungewöhnliche Triumphbogen aus Backstein mit deutlich maurischen Einflüssen wurde 1888 von dem Architekten Josep Vilaseca als repräsentativer Auftakt für das Weltausstellungsgelände errichtet. Er steht am Beginn der großzügigen Passeig de Lluís Companys. Die eleganten Straßenbeleuchtungen entwarf der Architekt Pere Falqués i Urpí. Von ihm stammt auch der Obelisk im Parkeingang. Das lang gestreckte Gebäude aus hellem Montjuïcgestein an der Nordseite des Boulevards ist der Justizpalast (1887–1911, Enric Sagnier und Domènech i Estapà).

Als Rutschbahn heiß begehrt: Die mit glänzenden Fliesen geschmückte Schlangenpyramide ›Cel Caigut‹ (Herabgestürzter Himmel) von Beverly Pepper im Parc de l'Estació del Nord

37 Parc de l'Estació del Nord

›Land Art‹ und zwei Industriebauten des Modernisme am Nordbahnhof.

Carrer de Nàpols – Carrer Almogàvers
Metro L1: Arc de Triomf

Stillgelegte Bahngelände bieten im Rahmen des Stadtgestaltungsprojektes u. a. die Möglichkeit, in bis dahin vernachlässigten Stadtvierteln neue Schwerpunkte zu setzen. An der Ostseite des ehem. Nordbahnhofs planten so die Architekten *Andreu Arriola, Carme Fiol* und *Enric Pericas* auf der Fläche von zwei Eixample-Einheiten 1987/88 eine weite **Grünanlage**. Auf einer blau schimmernden *Schlangenpyramide* aus glänzenden Fliesen, ganz in der Tradition Gaudís und Mirós, klettern und rutschen Kinder herum. Im Rasen verstreute bläuliche *Keramikbruchstücke* führen zu einer trichterförmigen Absenkung, die mit konzentrischen blauen Sitzstufen versehen ist. Die amerikanische Bildhauerin *Beverly Pepper* komponierte *Cel Caigut* (›Herabgestürzter Himmel‹) und *Espiral Abrada* (›Hölzerne Spirale‹) in die künstliche Naturlandschaft.

Der Mittelteil des ehem. **Estació del Nord** entstand 1910–15. Hier waren die Vorhalle und die Fahrkartenschalter untergebracht. Der Architekt *Demetri Ribes Marco* setzte die bereits seit einem Vierteljahrhundert in Markthallen, Bahnhöfen, und Industriebauten erprobte Gusseisenkonstruktion funktionalistisch ein. In die geometrisierende, dekorative Gestaltung flossen Elemente des Modernisme und der Wiener Secession ein. Die Seitenteile waren 1861 gebaut worden.

Das damalige Elektrizitätswerk **Central Catalana de l'Electricitat** (heute *Hidroelèctrica de Catalunya*) steht in Sichtweite des Nordbahnhofs am Carrer Roger de Flor 52. Es ist ein gutes Beispiel für den Industriebau in Barcelona kurz vor der Wende vom 19. zum 20. Jh. Der Architekt *Pere Falqués i Urpí* errichtete es zwischen 1896 und 1899. Roter Backstein und grün gestrichenes Gusseisen bestimmen die *Fassade*. Maßeinheit für die ornamentale Gestaltung ist der Ziegel. Sein plastischer Einsatz gibt dem wuchtigen Baukörper eine reizvolle Oberfläche mit lebhaftem Spiel von Licht und Schatten. Naturstein ist allein dem monumentalen *Haupteingang* im abgeschrägten Hauseck und dem Gebäudesockel vorbehalten.

38 Passeig de Picasso

Ein Tàpies-Kunstwerk zu Ehren Picassos sucht sein Publikum auf der Straße.

Metro L4: Jaume I; L1: Arc de Triomf

Der Passeig de Picasso trennt das Barri La Ribera [s. S. 51] vom Parc de la Ciutadella [Nr. 40]. An der Straße änderten die Architekten *Roser Amadó* und *Lluís Domènech* nichts Grundlegendes; sie wurde lediglich verkehrsberuhigt und mit Platanen bepflanzt, an der Parkseite gibt es einen kleinen Wasserlauf und Springbrunnen. Hoch interessant ist der **Boulevard** nach seiner Sanierung unter dem Aspekt ›Kunst im öffentlichen Raum‹. Vor dem gewölbten, dunklen Lattengerüst des *Umbracle* [Nr. 39] steht ein wasserumspülter **Glaswürfel** in einem Becken, der in seinem Inneren ein Plüschsofa birgt, durchbohrt von weißen Stahlkreuzen. Das widersprüchliche Gebilde ist Antoni Tàpies' *Hommage à Picasso*. Ein rot beschrifteter Stoffstreifen zitiert Picasso: »Die Malerei ist nicht dazu da, Wohnungen zu schmücken; sie ist eine Kriegswaffe zum Angriff und zur Verteidigung gegen den Feind« und ersetzt so die museale Bildunterschrift.

Blickt man von hier in die Altstadt, so erkennt man den bemerkenswerten **Mercat del Born**. Die Gusseisenkonstruktion von *Josep Fontseré* aus dem Jahr 1874 wird seit 2006 einer umfassenden Res-

Der Glaswürfel ›Hommage à Picasso‹ von Antoni Tàpies ist Blickfang am Passeig de Picasso

Kunstvolle Plätze und Parks

Eine Stadt sollte erlebt, nicht nur besichtigt werden. In ganz besonderem Maße gilt dies für Barcelona, die Millionenstadt auf engstem Raum. Plätze bilden Zäsuren im endlosen Straßennetz und werden zu notwendigen **Sammelpunkten** und **Ruhezonen** inmitten brausender Betriebsamkeit. Unter diesem Gesichtspunkt ließ die Stadtverwaltung von Barcelona seit 1980 etwa 60 Straßenzonen, Plätze und Parks wieder herstellen oder neu gestalten.

Ziel dieses groß angelegten Projektes war es, zufällig entstandenen Freiräumen ein Gesicht zu geben, verwahrlosten Plätzen Gestalt zu verleihen, auf alten Fabrik- und Bahngeländen sowie Bauflächen neue Parks anzulegen. Bisher vernachlässigte Außenbezirke wurden aufgewertet, und für die lange vom Meer abgewandte Stadt wird eine neue Uferpromenade geschaffen.

Die Stadtverwaltung beauftragte im Rahmen dieses Projektes zahlreiche junge Architekten. International bekannte **Künstler** wie Eduardo Chillida, Antoni Tàpies, Richard Serra oder Ellsworth Kelly sind mit Skulpturen und Objekten beteiligt. Die Lösungen sind so verschieden wie die Aufgabenstellungen, ihre Entdeckung ist ein spannendes Erlebnis.

Als minimalistisches Kunstwerk zeigt sich heute der Bahnhofsvorplatz **Plaça dels Països Catalans**, futuristischer Gegenpol ist das ehem. Fabrikareal **Parc de l'Espanya Industrial**. Wo früher die städtischen Hauptschlachthöfe standen, schuf Joan Miró einen heiter-verspielten Skulpturenpark, Antoni Tàpies installierte am **Passeig de Picasso** einen wasserumspülten Glaswürfel. Eine blau schimmernde Schlangenpyramide aus Fliesen bildet im **Parc de l'Estació del Nord** an der Ostseite des ehem. Nordbahnhofs eine beliebte Attraktion. Zwei leuchtend rote Ziehbrücken sind Blickfang an der wieder gewonnenen Uferpromenade **Moll de la Fusta**, ebenfalls am Meer ersetzte das **Forum Universal de les Cultures** ehemalige Brachflächen um Kläranlagen, eine Palmenbucht mit Wasserfall entstand aus dem einstigen Steinbruch im **Parc de la Creueta del Coll**.

taurierung und Umgestaltung unterzogen und bleibt daher geschlossen. An dieser Stelle befand sich übrigens schon zu römischer Zeit ein Markt. Die Überreste des *Antic Mercat del Born* werden in das geplante neue Kulturzentrum integriert und können nach der Fertigstellung wieder besichtigt werden.

39 Museu de Ciències Naturals

Naturwissenschaftliche Sammlungen in der märchenhaften ›Burg der drei Drachen‹.

Passeig Picasso – Parc de la Ciutadella
Tel. 933 19 69 12
www.bcn.es/museuciencies
Di/Mi, Fr, So 10–14.30,
Do, Sa 10–18.30 Uhr
Metro L1: Arc de Triomf, L4: Jaume I

Das Museu de Ciències Naturals ging im Jahr 2000 aus dem Zoologischen und dem Geologischen Museum hervor. Die Sammlungen sind im Wesentlichen in zwei Gebäuden untergebracht. 1882 errichtete der Architekt Antoni Rovira i Trias das erste öffentliche Museum Barcelonas. Das lang gestreckte, antikisierende Gebäude besteht aus einem Vestibül und zwei großen Sälen. Sein Bau wurde beschlossen, nachdem 1878 Francesc Martorell i Peña (1822–1878) seine bedeutende naturwissenschaftliche Sammlung der Stadt vermacht hatte. Das zweite Gebäude entstand 1888 anlässlich der ersten Weltausstellung in Barcelona. Der Architekt Domènech i Montaner entwarf es als Café-Restaurant. Wegen seiner trutzigen, burgartigen Erscheinung, bekrönt von goldglänzenden Zinnen, heißt das Modernisme-Gebäude im Volksmund *Castell dels Tres Dragons* (Burg der drei Drachen). Außerdem stehen dem Museum zwei ungewöhnliche, pavillonartige Bauten als Ausstellungsfläche zur Verfügung, die *Josep Amargós* 1888 ebenfalls für die Weltausstellung entwarf: ein aus Glas und Gusseisen errichteter Wintergarten sowie eine Art tropisches Gewächshaus aus Backstein und Holz mit schattigem, gewölbtem Lattendach, das **Umbracle** genannt wird.

Die zoologische Sammlung ist in der Drachenburg (Eingang: Passeig Picasso) untergebracht und präsentiert ausgestopfte Säugetiere sowie Skelette eines Wales und eines Mammuts. Ferner kann man hier prächtige Exemplare von Fischen, Vögeln, Fledermäusen, Reptilien, Insekten, Schnecken und Muscheln bewundern. Im neoklassizistischen Gebäude (Eingang: Parc de la Ciutadella) gibt die geologische Sammlung einen guten Überblick über die wichtigsten Mineralien und Gesteinen Kataloniens und zeigt eine interessante Fossiliensammlung.

40 Parc de la Ciutadella

Einer der beliebtesten Parks der Stadt mit einem kleinen See und der wunderschönen Cascada.

Passeig Picasso/Pujades
Metro L4: Barceloneta

Der großzügige Park hat seinen Ursprung im hartnäckigen Unabhängigkeitsstreben der Katalanen. Nachdem der erste Bourbonenkönig Spaniens, Philipp V. von Anjou, 1714 Barcelona nach langer Belagerung endlich erobert hatte, ließ er an die 10 000 Menschen umsiedeln und das Stadtviertel ›La Ribera‹ dem Erdboden gleichmachen. An seiner Stelle errichtete der Baumeister Prósper de Verboom 1716–29 eine fünfeckige *Zitadelle*, umgeben von einem weitläufigen, eingeebneten Schussfeld. Dieses zutiefst verhasste Zeichen der Niederlage und militärischen Kontrolle der Stadt wurde 1869 abgetragen. Knapp 20 Jahre später fand auf dem neugewonnenen Areal die *erste Weltausstellung* statt. Von der Zitadelle blieben nur das **Arsenal**, heute Katalanisches Parlament [Nr. 41], die Kapelle und der Palast des Gouverneurs rechts daneben.

Der **Park** ist inzwischen so etwas wie eine grüne Lunge der engen Altstadt geworden. Große Attraktion des Weltausstellungsgeländes war die künstliche **Kaskade**. Das Wasserbecken wird von geflügelten Drachenwesen bewacht. Im aufgetürmten Gestein des Wasserfalls tümmeln und lümmeln sich verschiedene arkadische Mischwesen: die Panflöte blasende Faune, Seepferde, Najaden und an der Spitze die emporgereckte, schlanke Gestalt einer Venus im Muschelwagen, eher bürgerlich als ekstatisch, mit einem züchtig um die Hüften geschlungenen Tuch. *Josep Fontseré* hat nicht nur den Park im englischen Stil angelegt, sondern auch die Kaskade. Vor 1878 ging ihm dabei ein Student zur Hand – *Antoni Gaudí*.

Nach der Weltausstellung legte man 1888 hier den **Parc Zoològic de Barcelo-**

Wasserspiele mit Fabelwesen: Die malerische Kaskade im Parc de la Ciutadella umringen Gestalten aus der Welt der Mythologie und der Fantasie

na (Tel. 932 256 780, www.zoobarcelona.com, Juni–Sept. tgl. 10–20 Uhr, Mitte März –Mai, Okt. tgl. 10–19 Uhr, Nov.–Mitte März tgl. 10–17.30, Kasse schließt 1 Std. vorher) an, in dem 500 Tierarten zu bestaunen sind, darunter Orang Utans und Hawaiigänse, Bären und Bongos sowie Schneeleoparden und Schwarzhalsschwäne.

41 Parlament de Catalunya

Ein Parlament an symbolischem Ort: Einst wurde das Gebäude errichtet, um Barcelona zu unterdrücken

Plaça d'Armes –Parc de la Ciutadella
Tel. 933 04 66 45
www.parlament-cat.net
Metro L4: Ciutadella-Vila Olímpica

Das Parlament der Autonomen Region Katalonien befindet sich im einstigen Arsenal der abgerissenen Ciutadella Philipp V. [s. Nr. 40]. Trotz einiger baulicher Veränderungen gleicht es in seiner Struktur noch immer jener, die Próspero de Verboom, der Architekt und spätere Befehlshaber der Zitadelle, ab 1716 errichten ließ.

Der Bau wird von zwei Hauptschiffen gebildet, an deren Treffpunkt sich eine Kuppel erhebt. Insbesondere der Sitzungssaal und der zentrale Eingangsbereich mit seiner prachtvollen Treppe sind – entsprechend des beträchtlichen katalonischen Nationalstolzes – prunkvoll ausgestattet.

Nachdem das Arsenal seine eigentliche Funktion verloren und die Zitadelle niedergerissen worden war, beschloss der Stadtrat von Barcelona, ihn in einen Königspalast umzubauen. Mit dem Umbau – es wurden Balkone in die nun mit Graffiti verzierte Hauptfassade eingefügt und der Haupteingang verlegt – wurde Pere Falqués beauftragt, der damalige Stadtarchitekt Barcelonas.

Da aber die Königin nichts von dem Palast hielt, entschloss man sich, dort ein städtisches Museum einzurichten. Von 1915 bis 2003 blieb es bei dieser Nutzung. 1980 zog nach der Zuerkennung der Autonomie auch das Parlament Kataloniens hier ein. Seit 2003 nutzt es das gesamte Gebäude, die Kunstwerke des ehem. Museu d'Art Modern sind mittlerweile im Museu Nacional d'Art de Catalunya [Nr. 67] zu sehen.

42 La Barceloneta

Die Planstadt aus dem 18. Jh.

Metro L4: Barceloneta

Eiserner Wille zeichnete den indirekten Urheber der ehem. Fischersiedlung, Philipp V., aus. Der erste Bourbonenkönig Spaniens hatte Barcelona, nachdem er es belagert und erobert hatte, den Bau der verhassten Zitadelle aufgezwungen. Zuvor aber musste der am dichtesten bewohnte Teil des Stadtviertels La Ribera abgerissen werden. Mehr als 10 000 Menschen standen damit innerhalb kürzester Zeit (1715) auf der Straße. Der französische Militäringenieur *Prósper de Verboom* regte deshalb den Bau einer neuen Siedlung auf dem Schwemmland vor Barcelona an, das durch die Errichtung der Hafenanlage entstanden war. Verbooms Entwurf war eine hervorragende städtebauliche Leistung: Schmale, lang gestreckte Häuserblocks waren in einem rechtwinkligen Straßenraster angeordnet. Die Häuser waren gut proportioniert, solide gebaut und durften nur zwei Geschosse besitzen, um zu gewährleisten, dass ausreichend Sonnenlicht in die Straßen und Häuser fiel.

Zum Verlieben: Wo früher volkstümliche Fischlokale standen, locken in La Barceloneta heute kleine Granjas und Straßencafés

›Kleinbarcelona‹ war berühmt für seine volkstümlichen Lokale direkt am Meer, in denen man im Sommer unterschiedlichste Fische, Meeresfrüchte und Krustentiere schmausen konnte. Im Zuge der Olympia-Arbeiten und der Erneuerung der Meerseite Barcelonas wurden 1992 die alten Restaurantbaracken am Strand abgerissen und durch neue, moderne Bauten ersetzt, in denen heute wieder viele Bars und Restaurants zum Verweilen einladen.

An das Viertel grenzt ein rund 1,5 km langer Strand, der sich zum Baden anbietet, was im Sommer von vielen Menschen gern angenommen wird.

43 Nova Icària

Städtebau der Moderne mit lebendiger Infrastruktur und viel Grün.

Metro L4: Ciutadella-Vila Olímpica

Das **Olympische Dorf** steht auf einem ehemals ungeliebten Areal, dem *Poble Nou*, einem Bahn- und Industriedistrikt an der Küste südöstlich der Altstadt. Auf dem Gebiet außerhalb von Cerdàs Rasterplan befand sich ein unansehnliches Wirrwarr von Containeranlagen, Lagerschuppen, alten Fabriken und schäbigen Wohnblocks – das ›Manchester Kataloniens‹. Als Trennungslinie schob sich zwischen Stadt und Meer eine gewaltige Gleisanlage, die erste Eisenbahnlinie Spaniens aus dem Jahr 1848. Nach Verlegung des Containerhafens südlich des Mont-

Ein Viertel mit noblem Schick: La Nova Icària mit seinen zahlreichen Terrassenrestaurants am Jachthafen **(links)** *und die Uferpromenade des Port Olímpic* **(oben)** *sind zum Szenerevier Barcelonas avanciert*

juïc und der Verlagerung der Bahnlinie in den Untergrund sowie der Umsiedlung der Anwohner vollbrachte die Abrissbirne die lang ersehnte Öffnung Barcelonas zum Meer.

Das Büro Martorell–Bohigas–Mackay–Puigdomènech erhielt den Zuschlag für die städtebaulich bedeutende **Planung**. Zwei 40-stöckige *Hochhaustürme*, je 136 m hoch, bilden das Tor zur neuen Stadt in der Stadt. Die Wohnbauten sind zu verschobenen Fluchten angeordnet, es gibt variantenreiche *Passagen* und überdachte Gänge, dreieckige und kreisförmige *Plätze*. Überwiegend sechsstöckige Blocks mit 3500 Wohnungen umschließen großzügig begrünte *Höfe*. Ein 200 m breiter *Boulevard* öffnet Nova Icària zum Meer und bietet gleichzeitig einen herrlichen **Blick** auf Barcelona. Die Küstenlinie wurde bis nach Badalona über 5 km durch verschiedene städtische Parks mit Restaurants völlig neu gestaltet. Den Beginn der **Uferpromenade** bildet die Mole des olympischen Hafens. Er ist heute eine belebte Gegend mit zahlreichen Bars und Restaurants. Östlich vom Hafen erstreckt sich der 400 m lange Strand Nova Icària.

Westlich der Rambla – große Kunst und kleine Kostbarkeiten

Weltberühmte Namen wie Pablo Picasso und Salvador Dalí locken täglich zahlreiche Besucher in das **Museu d'Art Contemporani** im ansonsten eher schlichten Altstadtviertel El Raval. Und auch das alte Hospitalviertel mit dem als Juwel der Romanik bekannten Kloster **Sant Pau del Camp** lohnt unbedingt einen Besuch. Abschließend bietet sich als kulinarischer Höhepunkt und Augenschmaus zugleich noch ein Bummel durch den **Mercat de Sant Antoni** an, Barcelonas schönste alte Markthalle.

44 Museu d'Art Contemporani

TOP TIPP *Verwirklichung des lang ersehnten Museums für zeitgenössische Kunst.*

Plaça dels Angels 1,
Ecke Carrer Montalegre
Tel. 934120810
www.macba.es
Juli–Sept. Mo, Mi 11–20, Do/Fr 11–24
Sa 10–20, So 10–15 Uhr, Okt.–Juni Mo, Mi–Fr 11–19.30, Sa 10–20, So 10–15 Uhr
Metro L1, L2: Universitat

Mit Pablo Picasso, Salvador Dalí, Joan Miró und Antoni Tàpies errang die katalanische Kunst weltweite Anerkennung und eine wichtige Position auf dem internationalen Kunstmarkt. In der Hauptstadt Kataloniens hatte es zwar verschiedene, durch Initiativen einzelner Künstler gegründete Stiftungen mit exzellenten Sammlungen gegeben, ein allgemeines Museum für **zeitgenössische katalanische Kunst** hingegen suchte man vergeblich.

Erst 1987 wurde die private Stiftung ›Fundació Museu d'Art Contemporani‹ ins Leben gerufen. Den Grundstock bildeten 100 Werke u. a. von *Antoni Tàpies* und *Miquel Navarro* sowie Plastiken der Bildhauer *Josep Maria Subirachs* und

Avantgardistischer Rahmen für die zeitgenössische Kunst: Kein Geringerer als der amerikanische Architekt Richard Meier entwarf den Bau des Museu d'Art Contemporani

Ehrwürdiger Rahmen für das Bücherstudium: Der gotische Krankensaal des Antic Hospital de Santa Creu i Sant Pau dient heute als katalanische Staatsbibliothek

Susana Solana. Hinzu kamen Teile des *Dalí-Nachlasses* und der umfangreichen Sammlung ›Caixa de Pensions‹ sowie weitere Leihgaben und Schenkungen. Angestrebt wird ein repräsentativer Überblick über die katalanische Kunst ab den 1940er-Jahren. Das Museum will außerdem den traditionellen Kanon Malerei, Plastik und Grafik um Installationen, Fotografie, Video, Film, Design, Mode und Architektur erweitern. Ein ehrgeiziges Vorhaben also, das sich am Centre Pompidou in Paris orientiert.

Der amerikanische Architekt *Richard Meier* entwarf ein lichtes, von großen Fensterflächen dominiertes, rechteckiges **Gebäude**, unterbrochen von einem runden, vertikalen Zentrum, das die drei Obergeschosse über Rampen erschließt. Ende 1995 öffnete das neue Museum schließlich seine Pforten. Die gesamte Nutzfläche beträgt über 13 200 m², von denen etwa die Hälfte öffentlich zugänglich ist.

Ein Patio verbindet den Museumsbau mit der angrenzenden gotischen **Casa de Caritat**, einem ehem. Waisenhaus, in dem heute das **Centre de Cultura Contemporània de Barcelona** (Carrer Montalegre 5, Tel. 933 06 41 00, www.cccb.org, Di/Mi, Fr–So 11–20, Do 11–22 Uhr) einen weiteren Kunstakzent setzt. Die Neugestaltung des im Kern mittelalterlichen Gebäudes erfolgte unter Leitung des Architektenteams Albert Viaplana und Helio Piñón. Interessante Ausstellungen zeitgenössischer Kunst, moderne Filme und Festivals für die Tanz- und Musikszene wechseln sich hier ab.

Nebenan besitzt der Gebäudekomplex der Casa de Caritat noch einen wunderschönen *Innenhof* aus der Mitte des 18. Jh., den so genannten **Pati Manning** (Carrer de Montalegre 7). Seine Wände sind mit floralen Sgraffitos und prächtigen Kachelbildern dekoriert.

45 Antic Hospital de Santa Creu i Sant Pau

Die mächtigen Gewölbe eines gotischen Krankensaales beherbergen die Katalanische Staatsbibliothek.

Carrer del Hospital 56
und Carrer del Carme 47
Metro L3: Liceu

Verlässt man die Rambla auf der Höhe der Kirche El Belén nach rechts, kommt man in das *alte Hospitalviertel*. Das ehem. Hospital de Santa Creu i Sant Pau (zum Hl. Kreuz und hl. Paulus) liegt zwischen dem Carrer del Carme und dem Carrer del Hospital. Seine Anfänge gehen auf ein **Pilgerhospital** des frühen 11. Jh. zurück. 1401 wurde der Grundstein für das gotische Hospital zum Hl. Kreuz gelegt, ein Gebäude mit vier Flügeln, die sich um einen Arkadenhof gruppierten. Der Bau wurde von Zeitgenossen wegen seiner Schönheit gerühmt, Papst Benedikt XIII. setzte für ihn eine Schenkung von 10 000 Goldgulden nach aragonischer Währung aus. Im 16. Jh. wurde ein zweiter Hof angefügt, 1629–80 entstand die prächtige barocke Casa de Convalecencia. Gegenüber wurde 1762–64 das klassizistische Col.legi de Cirurgía nach Plänen des Chirurgen Pere Virgili errichtet, das heute Sitz der *Acadèmia de Medicina* ist.

Von **außen** ist das Gebäudegeviert kaum auszumachen, man sieht nur mächtige Steinmauern. Einziger Hinweis sind ein schönes *Renaissanceportal* im Carrer Hospital 60 und eine barocke *Paulusfigur* mit wallendem Bart und großem Schwert oben am Hauseck im Carrer del Carme/Carrer Egipciaque. Kurz vor dieser Statue befindet sich der Eingang zu dem riesigen Komplex.

Das linke Gebäude ist die Reial Acadèmia de Medicina i Cirurgía. Rechter Hand steht das ehem. Rekonvaleszenzhaus. Geht man geradeaus weiter, kommt man in den großen gotischen Innenhof. Doch zuerst zur barocken **Casa de Convalecencia**: Man betritt das vierflügelige Gebäude durch einen niedrigen Vorraum, der den Besucher mit der auf Kacheln gemalten *Vita des hl. Paulus* empfängt. Im anschließenden zweistöckigen *Innenhof* sind die Wände ebenfalls bis auf halbe Höhe mit Azulejos geschmückt, hier nun mit ornamentalen Motiven: grün-weiße Dreiecke, eingefasst von einem floralen Fries. In der Mitte steht über der Cisterna de Säct Pau eine schöne *Barockstatue* des Apostels Paulus von Lluís Bonifàs, 1670.

Hält man sich wieder links, kommt man zur Treppe, die in die **Biblioteca de Catalunya** (Carrer de l'Hospital 56, Tel. 932 70 23 00, www.bnc.cat, Mo–Fr 9–20, Sa 9–14 Uhr) im Obergeschoss führt. Sie ist in einem herrlichen dreiflügeligen *gotischen Saal* untergebracht, dem ehem. Krankensaal des Hospitals zum Hl. Kreuz. Die gewölbte Decke wird von massiven spitzbogigen Gurten getragen, dazwischen sind Holzdecken eingezogen. Noch zu Beginn des 20. Jh. waren die Hospitalgebäude sehr vernachlässigt. Hier starb *Gaudí* am 7. Juni 1926 im ›Armenhaus‹ nach einem Straßenbahnunfall.

Die einstige **Hospitalkirche** wird heute von der Stadt als Ausstellungszentrum **La Capella** (Carrer del Hospital 56, Tel. 934 42 71 71, www.bcn.cat/lacapella, Di–Sa 12–14 und 16–20, So 11–14 Uhr) für zeitgenössische Kunst genutzt. Rechts vorne steht eine schöne spätgotische Kapelle mit einem gewaltigen durchbrochenen *Schlussstein*.

Gaumenfreuden im Angebot: Fangfrischer Fisch und vielfältige andere Gaben der Natur locken im Mercat de Sant Antoni, der größten Markthalle Barcelonas

46 Mercat de Sant Antoni

Die größte und vielleicht schönste alte Markthalle der Stadt.

Ronda de Sant Pau –
Carrer de Manso
Metro L3: Poble Sec

Der Carrer del Carme führt direkt auf den Mercat de Sant Antoni zu. Diese **Markthalle**, eine für das 19. Jh. typische Gusseisenkonstruktion, gehört zu den schönsten der Stadt. Das Muster der rotgelben Dachziegel glänzt wunderbar in der Sonne. Im Zentrum, unter der erhöhten Kuppel, wird einfach alles, was der in Sachen **Fisch** sehr wählerische spanische Gaumen verlangen könnte, feilgeboten. »Billiger, frischer, schöner« tönt es von allen Seiten. Außen herum gruppiert sich die bunte Palette mediterraner **Früchte** und **Gemüse**. Dazwischen finden sich Stände für **Fleisch** und **Wurst**, paprikarote ›Chorizos‹ und dünne ›Longanizas‹ hängen von Stangen herab, dazwischen der berühmte luftgetrocknete spanische Schinken. Käse, Eier und Hühner gibt es an den äußeren Ständen. Montags, mittwochs, freitags und samstags findet um die Markthalle herum noch ein **Kleidermarkt** statt. Zum Einkaufen vielleicht unergiebig, zum Schlendern und Schauen herrlich bunt und umtriebig.

47 Sant Pau del Camp

TOP TIPP *Eine Kostbarkeit inmitten eines lebhaften, einfachen Viertels.*

Carrer de Sant Pau 101
Tel. 934 41 00 01
Mo–Fr 16.30–20, Sa 10–14, So 10–12 Uhr
Metro L2, L3: Paral.lel

Wann das erste Kloster ›Sankt Paulus auf dem Felde‹ gegründet wurde, ist unbekannt. Das Bruchstück einer Grabinschrift, heute im rechten Querhaus aufbewahrt, berichtet von der Bestattung des Grafen Guifré Borrell im Jahr 911. Die Existenz einiger westgotischer Kapitelle im Kreuzgang lässt vermuten, dass das Kloster während der maurischen Invasion 985 zerstört wurde. Die heutige Kirche stammt aus dem späten 12. Jh., der Kreuzgang wohl aus dem 13. Jh. 1904 wurde das Kloster als Kaserne zweckentfremdet. Heute ist es, nach behutsamer Restaurierung, wieder ein architektonisches Juwel der Romanik in Barcelona.

Kostbares Kleinod der Romanik: Kreuzgang des Klosters Sant Pau del Camp

Die **Fassade** ist ein interessantes Konglomerat verschiedener Versatzstücke, Altes und Neues wurde kombiniert. Im *Tympanon*, dem Bogenfeld über dem **Portal**, thront Christus. Ihm nähern sich von beiden Seiten voller Demut Paulus und Petrus. In der äußeren Archivolte sind primitive Darstellungen von Köpfen, Tieren und Früchten zu sehen. Über den Archivolten im Zentrum sieht man eine *Segenshand*, darunter die Evangelistensymbole. *Engel* und *Adler*, als Relief gearbeitet, halten je ein Buch. Die beiden unteren, *Löwen-* und *Stierkopf*, dürften älter sein und sind plastisch gearbeitet und dienen als Auflage für die Archivolten. Die *Kapitelle* der Portalsäulen dürften aus der Zeit vor dem Arabersturm stammen.

Der **Innenraum** ist äußerst schlicht. Durch winzige Rundbogenfenster in den mächtigen Mauern sickert spärliches Tageslicht in den wunderbar ruhevollen Raum. Lang- und Querschiff sind gleich lang, über der Vierung gibt es eine achteckige Kuppel, im Osten drei Apsiden. Durch den rechten Querhausarm gelangt man in den kleinen kostbaren **Kreuzgang**. Bei genauerem Hinsehen fällt auf, dass die ungewöhnlichen, vielbogigen Arkaden aus unterschiedlichen Bruchstücken zusammengesetzt sind, oft gehört der Säulenschaft nicht zum Kapitell, oder anstelle der Basis findet ein zweites Kapitell Verwendung. Die meisten dieser *Säulenabschlüsse* besitzen hervorragende Qualität. Zum Teil sind sie ornamental, mit Pflanzenranken gestaltet, zum Teil mit faszinierenden szenischen Darstellungen.

Eixample – Jugendstilpracht und elegante Großzügigkeit

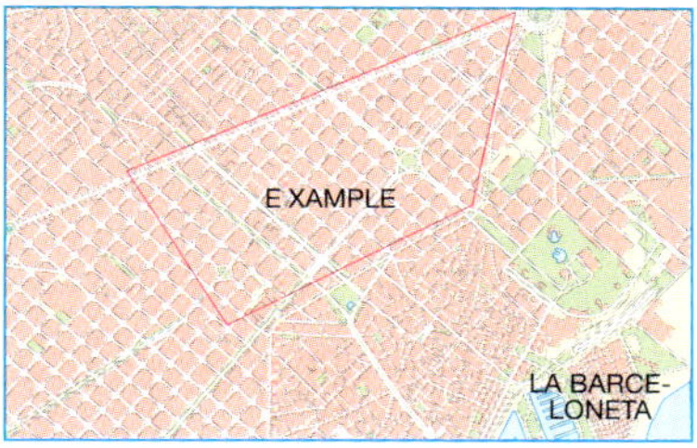

Die beginnende Industrialisierung traf Barcelona völlig unvorbereitet. Seit Anfang des 19. Jh. nahm die **Bevölkerung** außerordentlich zu. Trotzdem durften weder die mittelalterlichen Stadtmauern abgerissen, noch vor der Stadt, auf dem Schussfeld der Zitadelle, gebaut werden. In der Folge siedelten sich neue Betriebe innerhalb der Stadt an und die ohnehin schon erschreckend dicht aufeinander lebenden Menschen mussten mit noch weniger Raum auskommen. Nach drei furchtbaren Cholera- und Gelbfieberepidemien sowie einem Arbeiteraufstand bewilligte die Zentralregierung in Madrid endlich den Abbruch der Stadtmauern. Wo einst die Mauern standen, legte man nun breite baumbepflanzte ›Rondas‹ an. Die Planung der **Stadterweiterung** übernahm der katalanischen Bauingenieur *Ildefons Cerdà* [s. S. 76].

Ungeachtet Cerdàs baulich größtenteils umgesetzter Sozialutopie einer demokratischen, einheitlich gestalteten Neustadt gelang es dem neuen Großbürgertum binnen kürzester Zeit, der Eixample ein bizarr glänzendes Flair zu verleihen. Zwischen 1890 und 1910 entstand das größte im **Jugendstil** gestaltete Stadtviertel in Europa. Die durch Textilfabrikation und den Zuckerrohranbau auf Kuba reich gewordenen Händler und Industriellen stellten mit großem Stolz ihre Bedeutung zur Schau. Sie ließen sich von der Begeisterung der Architekten für den Modernisme anstecken und folgten deren Fantasie: Maurische, mittelalterliche und vegetabile Elemente verwoben sich zu einem prachtvollen, überbordenden Stil, der wiederum zum Signet der Gründerzeit in Barcelona wurde. Es entstanden repräsentative Gebäude und detailfreudige Gesamtkunstwerke. So wuchs entlang schnurgerader, großzügiger Straßen eine **Stadt des Modernisme**, weit weg von der bedrückenden Enge im Barri Gòtic.

48 Passeig de Gràcia

Elegante Flaniermeile im Schatten von Platanen, gesäumt von Meisterwerken des Modernisme.

Metro L2, L3, L4: Passeig de Gràcia

Der Passeig de Gràcia ist die alte Verbindung zwischen Barcelona und dem Ort Gràcia, der heute eingemeindet ist. Schon vor dem Bau des Viertels Eixample wurde die Straße zu einem 1,5 km langen Boulevard umgestaltet. Er bildet heute die vornehmste Flaniermeile der Stadt, gesäumt von eleganten Geschäften und hervorragenden Beispielen der Architektur des Modernisme. Vier Reihen **Platanen** verwandeln seine gewaltige Breite (61 m) in menschliche Dimensionen.

Drei bedeutende Architekten, Antoni Gaudí [s. S. 89], Lluís Domènech i Montaner und Josep Puig i Cadafalch, bauten in unmittelbarer Nachbarschaft große **Wohnblocks**, so genannte Manzanas (was spanisch auch ›Apfel‹ bedeutet): die *Casa Batlló* [Nr. 51], die *Casa Lleó Morera* [Nr. 49] und die *Casa Amatller* [Nr. 50]. Der Volksmund nennt die drei mit einem Wortspiel ›Manzana de la Discordia‹ – ›Zankapfel‹.

Der Gestaltungswille des Modernisme beschränkte sich natürlich nicht auf die Gebäude allein. Typisch für den Passeig de Gràcia sind seine schmiedeeisernen **Straßenlaternen** – sichelförmige, filigrane Gitter aus Blattgerank –, die geschwun-

◁ *Planstadt des 19. Jh.: Aus der Vogelperspektive wird die schachbrettartige Anlage der Eixample besonders deutlich*

Ildefons Cerdà und die Stadt der Zukunft

In der Planung der Stadterweiterung – der **Eixample** – ging Barcelona eigene Wege. Bereits 1855 legte der katalanische Bauingenieur Ildefons Cerdà (1815–1876) den Entwurf für eine Stadt der Zukunft vor. Zugrunde lag die utopische Vorstellung, dass eine Synthese der technischen Möglichkeiten mit den **sozialen Erfordernissen** die Menschen von allen Zwängen befreien und ein Leben in **Freiheit** und **Gleichheit** ermöglichen könnte.

Der Bebauungsplan wurde 1859 von der Stadt angenommen, seine Verwirklichung ist noch heute gut am Stadtplan ablesbar: ein **schachbrettartiges Raster** aus großen, quadratischen Wohnblocks und breiten Straßen, durchschnitten von zwei breiten Diagonalen (Gran Via de les Corts Catalanes und Avinguda Diagonal). Charakteristikum sind die **abgeschrägten Ecken** der Häuserblocks (Chaflanes), die das Fließen des Verkehrs an den Kreuzungen erleichtern sollten. Cerdà sah offenbar schon damals die immer schneller und dichter einherrollende Verkehrslawine der Zukunft voraus.

gene *Steinbänke* einschließen. *Pere Falqués i Urpí* entwarf sie in elegantem Jugendstil. Die **Pflasterung** des Trottoirs besteht aus wunderschönen, im Regen besonders plastisch wirkenden, verschlungenen Blumenornamenten.

49 Casa Lleó Morera

Eine heiter-duftige Welt, bevölkert von Blüten und Elfen.

Passeig de Gràcia 35
in Privatbesitz, keine Besichtigung
Metro L2, L3, L4: Passeig de Gràcia

Francesc Morera und sein Sohn Lleó ließen das bereits 1864 errichtete Eckgebäude 1902–06 von *Lluís Domènech i Montaner* im Stil des Modernisme umbauen. Leider sind die **Fassaden** des Straßen- und Hauptgeschosses stark verändert worden. Ein kreisrunder *Tempietto* auf luftigen Säulchen bekrönt das Hauseck. Die Rundform taucht immer wieder auf, in den kräftig vorspringenden *Balkonen* oder als *Fensterrahmung* im zweiten Obergeschoss und in den kugeligen Blütenformen des Dekors. Sogar die fantasievollen *Zinnen* sind nur sprießender Zierat. Zarte Mädchenfiguren lugen sich vorsichtig zu, halb verborgen hinter den Balkonbrüstungen beiderseits der dreiteiligen Fenster. Eine trägt, ganz moderne Frau, einen Fotoapparat, die andere ein Grammofon.

Unbedingt sehenswert ist der **Hauseingang** in liebenswürdigem, heiterem Jugendstil: Boden, Treppen, Wand und Decke sind übersät von hellrosa und weißen Blüten sowie von grünen Efeublättern. Sogar der *Lift* ist in ein elegantes Jugendstilgewand aus Holz gekleidet.

50 Casa Amatller

Majestätisch hebt sich der Vorhang noch einmal für das Mittelalter.

Passeig de Gràcia 41
Tel. 934 87 72 17
www.amatller.org
Führungen auf Englisch Mo–Fr 11 Uhr
Metro L2, L3, L4: Passeig de Gràcia

Der Architekt des Gebäudes, *Josep Puig i Cadafalch*, war eine vielseitige Persönlichkeit, der sich auch mit Geschichte, Archäologie und Politik beschäftigte. Er gilt als hervorragender Vertreter des so genannten neugotischen Modernisme.

Der Schokoladenfabrikant Antoni Amatller ließ 1898–1900 ein bereits bestehendes Haus grundlegend umbauen. Dem Betrachter stellt sich die Casa Amatller als kurioses, faszinierendes **Gotik-Potpourri** dar. Am behäbigen Treppengiebel klingt die niederländische Gotik an, die teppichartige Fassadenmusterung erinnert an katalanische Gotik. Der farbige Fliesenschmuck im Treppengiebel allerdings beugt Verwechslungen vor: Er weist das Haus eindeutig als ein typisches Kunstwerk des Modernisme aus, in dem alle Sparten des Kunsthandwerks ineinander spielen.

Das **Hauptportal** im linken Teil der Fassade ist umgeben von Gestalten aus einer mittelalterlichen Bilderwelt. Rechts befindet sich ein wild mit dem Drachen kämpfender Georg in wehendem Mantel, links ein Bärenführer. Darüber sind Vertreter der Künste zu sehen: ein Maler mit Palette, ein Bildhauer mit einer Büste, ein Architekt mit Zirkel, eine Harfe spielende Maid als Personifikation der Musik.

Aufwendige Inneneinrichtung: Das amerikanische Tiffany diente als Vorbild für die mit bunten Tier- und Pflanzenmotiven gestalteten Glasfenster im Speisezimmer der Casa Lleó Morera

In den Fensterrahmungen und Konsolen des **Obergeschosses** setzt sich die Fabelwelt fort. Ganz unschuldig hat sich ein neugieriger Fotograf dazwischengeschmuggelt, halb versteckt unter seinem schwarzen Tuch, doch die Tiere haben ihn bereits entdeckt und äffen ihn nach.

Eindrucksvoll und frei zugänglich ist das **Vestibül**. Drachenlampen erhellen den düsteren, niederen Raum mit reich verzierter Holzbalkendecke, weiten Bögen und gedrehten Säulen. Der untere Teil der Wandtäfelung ist rot-grün-blau-weiß gekachelt. Die aufwendige *Treppe* führt nur in die Beletage. Heute ist in dieser Wohnung das **Institut Amatller d'Art Hispànic** (Mo–Do 9–19, Fr 9–15 Uhr) untergebracht, eine Bibliothek ausschließlich für spanische Kunst. Wenn möglich, sollte man die Haupttreppe hinaufsteigen, in der Türschnitzerei den Klingelknopf suchen und einen Blick in die **Bibliothek** werfen, sie ist in einer fantastischen Stilmischung aus gotischen, maurischen und modernistischen Elementen gestaltet. Die anderen Wohnungen erreicht man über ein seitliches Treppenhaus mit Lift. Im 3. Obergeschoss ist eine *Glasdecke* eingezogen, ein Märchengespinst in gedämpften Farben.

Blumige Ornamente und schwungvolle Jugendstilformen aus Holz und Glas zieren das Kaminzimmer der Casa Lleó Morera

51 Casa Batlló

TOP TIPP *Kleinod modernistischer Architektur: mit ›knöcherner‹ Fassade und ›schuppig‹ gedecktem Buckeldach.*

Passeig de Gràcia 43
Tel. 932 16 03 06
www.casabatllo.cat
tgl. 9–20 Uhr
Metro L2, L3, L4: Passeig de Gràcia

1904 beauftragte der Textilfabrikant Josep Batlló i Casanovas den Architekten

Antoni Gaudí i Cornet [s. S. 89] mit dem Umbau seines Wohnhauses: Neugestaltung der Fassade und der Rückfront, Erweiterung des Innenhofes und Umbau seiner Wohnräume im 1. Obergeschoss. Innerhalb von zwei Jahren (1905–07) löste Gaudí diese Aufgabe im Stil des Modernisme und doch völlig eigenwillig: Er verkleidete die **Fassade** mit einem Mosaik aus hellen Kachelbruchstücken (eine alte katalanische Handwerkskunst, die die Verwendung von Abfallprodukten gestattet) und runden Keramikplättchen. Dieser flirrenden Farbfläche legte er im Bereich des Hauptgeschosses eine breite Fassade mit seitlich aufsteigenden schmalen **Erkern** vor. Sie wirken wie aus einer zähen, grauen Masse geknetet. Gleichsam im Erstarren begriffen, tropft und rinnt eine amorphe Masse herunter und bildet die drei großen Gliederungsstrukturen. Die schlanken, knochenartig geformten

Wenn Architektur zu zerfließen scheint: Antoni Gaudí schuf die modernistische Casa Battló in bewegten amorphen Formen und schmückte sie mit bunten Kacheln

CASA BATLLÓ
GAUDÍ
BARCELONA

Daily Visits

Tel. +34 93 216 03 06
E-mail: infovisites@casabatllo.cat

Daily Visits : 9 - 21h (20 h. last entrance)
(Exceptions on website www.casabatllo.cat)

Ticket Office Casa Batlló
Online: www.casabatllo.cat

Audio Guide Included

Elevator, wheel chair.

L2, L3, L4 (Passeig de Gràcia)

7, 16, 17, 22, 24, 28

Turistic Bus
Bus Stop: CASA BATLLÓ

Exclusive events
Over 3.000 m² of Modernist Rooms to hold your finest events in Barcelona.

Gift shop
E-shop on www.casabatllostore.com

Premium Video Guide
(Multimedia & Augmented Reality Device)

Frontline Fast Pass

CASA BATLLÓ
GAUDÍ
BARCELONA
Pg de Gràcia, 43
08007 Barcelona
Tel: +34 93 216 03 06
Fax: +34 93 488 30 90
infovisites@casabatllo.cat
www.casabatllo.cat

United Nations Educational, Scientific and Cultural Organization
Works of Antoni Gaudí inscribed on the World Heritage List in 2005

Europa Nostra
Barcelona Turisme
Club de Turisme
Cultura
ICOM

CASA BATLLÓ GAUDÍ BARCELONA

Benvinguts a un món màgic

La Casa Batlló, obra mestra de Gaudí, us convida a conèixer el que, més que un edifici, és un mite de l´art. Darrere l´espectacular façana modernista s´amaga tot un món de sorpreses artístiques i arquitectòniques.

La Casa Batlló, punt de referència obligat del Modernisme, us proposa un viatge a l´interior de la joia arquitectònica de Gaudí.

Viureu tot l´esplendor i la creativitat d´aquesta obra des d´una perspectiva màgica i cautivadora, i hi fareu uns descobriments fantàstics que us sorprendran i us fascinaran.

VISITES DIÀRIES AUDIOGUIADES

Bienvenidos a un mundo mágico

La Casa Batlló, obra maestra de Gaudí, les invita a conocer lo que, más que un edificio, es un mito del arte. Tras la espectacular fachada modernista se esconde todo un mundo de sorpresas artísticas y arquitectónicas.

La Casa Batlló, punto de referencia obligado del Modernismo, les propone un viaje al interior de la joya arquitectónica de Gaudí.

Vivirán todo el esplendor y la creatividad de esta obra desde una perspectiva mágica y cautivadora dónde los descubrimientos fantásticos que harán, les sorprenderán y les fascinarán

VISITAS CULTURALES AUDIOGUIADAS

Welcome to a magical world

Casa Batlló, one of Gaudí´s masterpieces, invites you to discover what, more than just a building, is a legend of art. The striking modernist façade conceals a whole world of artistic and architectural surprises.

Casa Batlló, a reference point of Modernism, will take you on a journey to the heart of Gaudí´s architectural gem.

You will experience the full splendour and creativity of this work from a bewitching perspective where the fantastic discoveries you will make will astonish and fascinate you.

DAILY VISITS WITH AUDIOGUIDE

Säulchen dazwischen scheinen die zähfließende Masse gerade noch zu festigen.

Über dieser schon reichlich ungewöhnlichen Fassade thront ein fantastischer **Dachaufbau**: Hoch und steil, erinnert er mit seiner gekrümmten von bunten Kacheln und kugeligen Ziegeln überzogenen Gestalt an den schuppigen Rücken eines Riesenreptils. ›Markenzeichen‹ Gaudís sind das **Zwiebeltürmchen** links mit vierblättriger Kreuzblume, ein Gebilde wie aus Schlagsahne, sowie die bizarren **Kamine** und **Ventilationstürme**. Wichtiges technisches Hilfsmittel war die Verwendung von Eisenbeton.

Berühmtheit hat im **Inneren** der blaue *Lichtschacht* erlangt. Um den nach unten immer schwächer werdenden Lichteinfall auszugleichen, werden die Kacheln entsprechend heller. Interessant sind die eigenwilligen *Türfüllungen* und *Fensterrahmungen* aus poliertem Holz, wie alle Details Sonderanfertigungen nach Entwürfen des Architekten. Das 1907 eigens für die Wohnung des Hausbesitzers entworfene Mobiliar ist heute zum Teil im Museu Casa Gaudí im Parc Güell [Nr. 65] ausgestellt.

52 Universitat Central de Barcelona

Auch in Barcelona wurde im 19. Jh. das lang verpönte Mittelalter für die Baukunst wieder entdeckt.

Gran Via de Les Corts Catalanes 585
www.ub.edu
Metro L1, L2: Universitat

Das lang gestreckte Universitätsgebäude, seitlich flankiert von zwei Türmen, in der Mitte das giebelständige Hauptgebäude, entstand 1863–72 im so genannten Rundbogenstil. Der Baumeister *Elias Rogent i Amat* gehörte zu jenen Architekten, die Romanik und Gotik als eigenständige Kunststile wieder entdeckt hatten und sich am Vorbild des französischen Architekten Viollet-le-Duc orientierten. Die *Säulenkapitelle* in der dreischiffigen, niedrigen **Eingangshalle** zeigen farbige *Wappen* der Landesteile Spaniens, aus dämmerigen Mauernischen heben sich die überlebensgroßen *Figuren spanischer Gelehrter* hervor: Luis Vives (1492–1540, Humanist), Alfons X. el Sabio (1252–1282, König von Kastilien, berühmt wegen seiner Dichtungen), Ramón Llull (1235–1315, katalanischer Philosoph), Averroes (1126–1198, arabischer Philosoph und Leibarzt des Kalifen von Córdoba), San Isidoro (560–636, Erzbischof von Sevilla, Kirchenvater).

Rechts führt eine prunkvolle **Ehrentreppe** nach oben, überwölbt von einer bunten *Glasdecke*. An der Rückwand zur Halle nimmt ein prächtiges Wappen Bezug auf ein anderes, sehr viel älteres Emblem, das im Durchgang zwischen den beiden Innenhöfen hinter Glas angebracht ist. Es ist das **Wappen** Karls V.: der Adler der Habsburger, flankiert von den Säulen des Herkules, die von einem Schriftband mit dem Leitspruch PLUS ULTRA umwunden sind.

Harmonisch und friedvoll sind die beiden doppelstöckigen **Arkadenhöfe** mit Orangenbäumen und Brunnen, die meist von Studenten belagert sind.

53 Fundació Antoni Tàpies

Funktion und Kunst geben sich hier ein überaus geglücktes Stelldichein.

Carrer Aragó 255
Tel. 934 87 03 15
www.fundaciotapies.org
Di–So 10–20 Uhr
Metro L2, L3, L4: Passeig de Gràcia

Heute fällt das ehem. Verlagshaus Montaner i Simón jedem Passanten sofort durch die Drahtwolke auf, die über seinem im Vergleich zu den Nachbarhäusern niedrigen First schwebt: ›Núvol i Cadira‹ (Wolke und Stuhl). Der skurrile Blickfang ist ein Werk Antoni Tàpies, dessen Schaffen das Haus heute gewidmet ist. Zur Entstehungszeit 1880–85 wirkte das Verlagshaus sicherlich nüchtern und schlicht. Der Architekt *Lluís Domènech i Montaner* ist neben Gaudí der vielleicht prominenteste und produktivste Baumeister der Wende vom 19. zum 20. Jh. und prägte das Erscheinungsbild des neuen Barcelona entscheidend.

Ganz der Aufgabe des **Gebäudes** entsprechend, beließ er den *Eisenskelettbau*, der in Barcelona bisher nur für Märkte und Bahnhöfe Anwendung gefunden hatte, hier sichtbar. Für die *Fassadengestaltung* verwendete er nur drei Materialien: Eisen, Glas und Backstein. So entstand ein interessantes Zusammenspiel der Oberflächen, das entfernt an Mudéjar-Baukunst erinnert. Deutlich ist das Bemühen um eine rationale, der Aufgabe des Hauses angemessene Architektur-

›Wolke und Stuhl‹ – das Aluminiumdrahtgeflecht auf dem Dach des ehemaligen Verlagshauses Editorial Montaner i Simón ist ein außergewöhnlicher Blickfang

sprache, die Eklektizismus und Klassizismus überwinden will.

1989/90 wurde das Haus von *Roser Amadó* und Lluís Domènech umgebaut und beherbergt nun die **Fundació Antoni Tàpies**, 1984 vom Künstler selbst zur Förderung der zeitgenössischen Kunst ins Leben gerufen. Das Museum zeigt eine ständige Tàpies-Sammlung, zusätzlich sind Räume für Wechselausstellungen vorhanden. Es gibt einen Vortragssaal und eine Bibliothek, spezialisiert auf Kunst des 20. Jh. und orientalische Kultur. Bestechend ist die geschickte Verbindung zwischen Altem und Neuem.

54 Casa Milà

TOP TIPP

Fels in der weder Tag noch Nacht ruhenden Brandung der Eixample.

Passeig de Gràcia 92
Tel. 934 84 59 00
www.lapedrera.org
tgl. 9–20 Uhr
Metro L3, L5: Diagonal

Im Anschluss an die Casa Batlló [Nr. 51] baute *Gaudí* [s. S. 89] die Casa Milà (1906–10), ein gewaltiges Eckhaus, das eigentlich aus zwei Häusern und zwei Innenhöfen besteht. Es ist das letzte und berühmteste der von Gaudí entworfenen Mietshäuser. Hier erreichte sein plastischer Gestaltungswille, der sich bisher auf eine individuelle Interpretation des Modernisme beschränkt hatte, eine expressionistische Dimension. Im Gegensatz zur Casa Batlló ist die Casa Milà kein dekoratives, farbenfrohes Gebilde, sondern ein wuchtiger, expressiver Körper, eine große organische Form. Nicht zufällig heißt das Gebäude allgemein **La Pedrera**, der Steinbruch. Die wellenartig bewegte Kalksteinfassade erinnert an eine ausgewaschene Felswand, an die sich die Balkone wie karge Pflanzenpolster klammern.

Gaudí war allerdings nicht nur ein Meister origineller, zupackender Gestaltung. Sein zweites großes Anliegen war es, durch *funktionsgerechtes Bauen* den Bewohnern seiner Häuser ein Höchstmaß an Wohnkomfort zu bieten. Die **Wohnungen** der Casa Milà besitzen individuell gestaltbare, oft asymmetrische Grundrisse, ermöglicht durch die Vermeidung tragender Wände innerhalb der Wohnbereiche. Die Fassade ist nur vorgehängt und mit Zugankern befestigt. Das Gebäude selbst ruht auf Steinsäulen und Stahlträgern. Es gibt kein gemeinsa-

Spaziergang mit Wellenbewegung zwischen bizarr-behelmten ›Wächtern‹: Beständiges Auf und Ab in der fantastisch-skurrilen Dachlandschaft von Antoni Gaudís Casa Milà

mes Treppenhaus, die Wohnungen können nur mit dem Aufzug oder über die Hintertreppe erreicht werden. Statt der repräsentativen Treppe und anstelle der engen, ungesunden Lichtschächte zog Gaudí zur besseren Belichtung und Belüftung die beiden großen Innenhöfe ein.

Das Haus ist heute Eigentum der *Caixa de Catalunya*, der örtlichen Sparkasse, die hier Wechselausstellungen zu zeitgenössischer Kunst präsentiert. Eine Wohnung im 4. Stock und das **Dach**, zu Fuß über sieben Stockwerke zu erklimmen, können besichtigt werden. Hoch interessant ist

Stachelige Pflanzenbänder vor ausgewaschener Felswand schmücken die Fassade der Casa Milà, des populärsten der von Antoni Gaudì entworfenen Mietshäuser

die Dachstuhlkonstruktion mit *Parabolbögen*, in die in den 1950er-Jahren Apartments eingebaut worden waren. Heute informiert hier eine Ausstellung über Gaudís Leben und Werk. Das Dach selbst entpuppt sich als *fantastischer Skulpturengarten* aus dicken und dünnen Türmen, die im Volksmund ›Hexenschreck‹ heißen: die von farbigen Kachelbruchstücken überzogenen Kamine und Lüftungsschächte des Hauses. 1984 hat die UNESCO die Casa Mila als erstes Gebäude des 20. Jh. zum Weltkulturerbe erklärt.

55 Casa Fuster

Gewaltig auftrumpfender Abschluss der Prachtstraße.

Passeig de Gràcia 132
Metro L3, L5: Diagonal

Die Casa Fuster (1909–11) nimmt wegen ihrer Lage eine Sonderstellung ein. Sie beschließt als Eckhaus den prachtvollen Passeig de Gràcia und gehört mit ihrer Nordfassade bereits zum Beginn des sehr viel engeren Carrer Gran de Gràcia. *Lluís Domènech i Montaner* verstand es, diesen Gegebenheiten geschickt Rechnung zu tragen. Mit Balkonen und lang gezogenen Erkern gab er den **Fassaden** ein enormes Volumen, mit einem runden **Turm**, der vom ersten Obergeschoss bis zum Dach aufsteigt, betonte er die Ecksituation. Insgesamt verwendete er plastisch besonders durchgebildete, schwere Einzelformen, eine rauschende Zusammenstellung von gotischen und Renaissanceelementen sowie Zitate anderer von ihm gebauter Häuser. Da gibt es gedrungene *Rotmarmorsäulen* mit dicken, knorpeligen Blüten anstelle der Kapitelle im Erdgeschoss, *Doppelsäulen* für die Balkone der Beletage mit kräftig gerollten Volutenkapitellen. Die Sockelplatte des Turmes gleicht einem überdimensionalen Blütenboden. Die *Fenstereinfassungen* in den Obergeschossen sind ›gotische‹ Dreipassböden. An der Nordfassade zum Carrer Gran de Gràcia hin ist die Fassadengestaltung etwas zurückgenommen, alles wirkt straffer, flächiger und schlichter, entsprechend dem einfacher werdenden Stadtviertel.

2004 bezog ein modernes **5-Sterne-Hotel** (Tel. 932 55 30 00, www.hotelcasafuster.com) die Räumlichkeiten und bietet nun luxuriöse Übernachtungsmöglichkeiten in modernistischem Ambiente an.

56 Casa Comalat

Ein Haus mit zwei Gesichtern: das eine ein Nachhall der Casa Batlló, das andere eine Musterschau spanischer Baukeramik.

Avinguda Diagonal 442 –
Carrer Còrsega 316
Metro L3, L5: Diagonal

Auch dieses Gebäude (1909–11) gehört zu den Schätzen des Modernisme. Für die **Hauptfassade** an der Avinguda Diagonal entwarf der Architekt *Salvador Valeri i Pupurull* eine repräsentative, insgesamt aber etwas schmalbrüstige Lösung. Der untere Teil mit seinen knochenähnlichen Säulchen und Balkonen verrät deutlich den Einfluss Gaudís, genauso wie die schwingende, kuppelige Dachform mit leuchtend grünen Ziegeln, die an eine bunte Mütze erinnert. Der Giebel ist festlich bekränzt mit nachgeahmten Blumengirlanden, die in üppiger Fülle herabhängen.

Die **Fassade zum Carrer Còrsega** hingegen war dem Repräsentationszwang weniger unterworfen und wirkt daher viel origineller. Wie ein mächtig gebauchter, hölzerner Riesenerker wölbt sie sich vom ersten Obergeschoss bis hinauf zum Giebel schwingend aus der Fläche. Faszinierend ist das abwechslungsreiche Spiel zwischen Jalousien und hellen Keramikmosaiken, die sich friesartig über die gesamte Fassade ziehen und gewissermaßen als breites Schmuckband in der Mitte herabhängen.

57 Casa Asia

Asiatische Kunst und Kultur in einem märchenhaften Palast.

Diagonal 373 – Carrer Roselló 279
Tel. 932 38 73 37
www.casaasia.es
Di–Sa 10–20, So 10–14 Uhr
Metro L3, L5: Diagonal

Josep Puig i Cadafalch gestaltete 1904–06 ein bereits bestehendes Gebäude für den Baron Quadras um, daher auch der Originalname **Palau Baró Quadras**. Heute kann man hier über den europäischen Tellerrand hinausblicken auf die Kultur Asiens. Regelmäßige Wechselausstellungen und Vorträge über die verschiedensten Regionen des Fernen Ostens bilden ein interessantes Kontrastprogramm zu

Harmonie der Stile: Josep Puig i Cadafalch vermengte bei der Gestaltung des Palau Baró Quadras Elemente mittelalterlicher Baukunst und Jugendstilformen

den üblichen touristischen Stationen Barcelonas.

Zugleich ist aber auch der Palast an sich äußerst sehenswert. An der **Hauptfassade** ließ Cadafalch seiner Vorliebe für die mittelalterliche Baukunst des Nordens freien Lauf. Für Barcelona völlig untypisch ist das *Steildach* mit vier dicht gedrängten Dachgauben aus dunklem Holz. Ein vorgelagerter breiter *Erker*, der im oberen Teil mit feinster Steinmetzarbeit geschlossen ist, markiert das Hauptgeschoss. Was von weitem wie ein Wappenfries wirkt, entpuppt sich aus der Nähe als eine Reihe mittelalterlich gekleideter Paare. An der rechten Seite des Erkers drängt der hl. Michael Verdammte mit seinem Flammenschwert in die Tiefe, links wehrt der hl. Georg den heraufkriechenden Drachen ab – das Lieblingsmotiv Puig i Cadafalchs.

Von einem kleinen Innenhof führt eine steinerne Treppe ins Obergeschoss. Hier gibt es zwei prachtvolle **Säle**, in denen gotische, antikisierende und arabisierende Stilelemente zu einer originellen, ganzheitlichen Dekoration zusammenfließen. Im *1. Saal* mit kostbarer Holzdecke befindet sich wie ein feuersaugender Schlund ein gewaltiger Kamin mit dem schmiedeeisernen Wappen der Quadras. Der *2. Saal* gibt sich ›maurisch‹ mit verschränkten Fächerbögen sowie über und über ornamentierten Säulen. In ihnen befinden sich verschiedene Einrichtungen der Casa Asia.

58 Casa Terrades

Wuchtige Burgtürme, nadelspitz behelmt, bieten Patrizierhäusern Schutz vor der Großstadt.

Avinguda Diagonal 416–420 –
Carrer Bruc 141–143 –
Carrer Rosselló 260–262
Metro L3, L5: Diagonal

Auf drei Grundstücken errichtete *Josep Puig i Cadafalch* 1903–05 den riesigen, frei stehenden, heftig mit der Gotik liebäugelnden Gebäudekomplex der Casa Terrades – sein bekanntestes Werk. Das auch Casa de les Punxes genannte **Gebäude** erscheint als lebendige, abwechslungsreiche Reihe hoher schmaler Häuser mit steilen Giebeln und nadelspitzen *Aufsätzen*, daher auch die Bezeichnung ›Haus der Spitzen‹. Zur ›Diagonal‹ hin ist die Mitte der Häuser jeweils durch dreigeschossige *Erker* akzentuiert. An beiden Seitenfassaden erscheinen an deren Stelle schöne *Schmiedeeisenbalkone*. Puig i Cadafalch verwendete nur für den Sockel Naturstein, der Rest ist Backsteinmauerwerk, meisterhaft zur Detailgestaltung eingesetzt. Die *Hauseingänge* z. B. haben weder gerade Türstürze noch einen Eingangsbogen, vielmehr dreieckige Öffnungen aus abgetreppten Ziegellagen. Die sechs Ecken des unregelmäßig geschnittenen Grundstücks gewinnen durch sechs Rundtürme eigenes Leben. Der höchste und prächtigste ist der **Südturm** mit seiner steinernen Krone über dem weit ausladenden Helm. Der Turmansatz erhält durch raffiniert geschichtete Ziegellagen besonderes Gewicht.

59 Palau Ramón de Montaner

Ein italienisch anmutender Palast, der in die schmückenden Hände des Jugendstils fiel und nun mit Keramikbildern prangt.

Carrer de Mallorca 278
Metro L2, L3, L4: Passeig de Gràcia

Das frei stehende, im Vergleich zur Umgebung niedrige, dreigeschossige Haus ist eines der wenigen erhaltenen Beispiele aus der früheren Eixample-Bebauung (1889–93). Der Bauauftrag ging an *Josep Domènech i Estapà*, der das **Erdgeschoss** in klaren eklektizistischen Formen errichtete. Nach einem Zerwürfnis mit dem Bauherrn führte Lluís Domènech i Montaner den Bau weiter. Die beiden **Obergeschosse** belegen einmal mehr die expressive Ausdruckskraft dieses Architekten, der die heitere Sprache des Jugendstils ebenso beherrschte wie die Regeln des Funktionalismus. Die Hervorhebung des Mittelteils der Fassade im Carrer de Mallorca und das weit vorspringende Dach erinnern an die italienische Palastbaukunst. Ganz dem Geiste des Modernisme entspricht der intensive Einsatz kunsthandwerklicher Techniken. Es gibt ungewöhnlich kupferfarben blitzende Fliesen und zwischen den Mezzaninfenstern im obersten Geschoss herrliche *Keramikbilder*. Ein Schmuckstück ist der schmiedeeiserne **Gartenzaun** im Carrer de Llúria mit hohen, blüten- und ornamentüberrankten Pfosten und einem an Gaudís Drachenflügel erinnernden Tor.

Nadelspitze Turmhelme bekrönen die Casa Terrades von Josep Puig i Cadafalch

60 Casa Macaya

Eine Jugendstilvariante des gotischen Palastes.

Passeig de Sant Joan 108
Metro L4, L5: Verdaguer

Kurz nach der Casa Amatller [Nr. 50] baute *Josep Puig i Cadafalch* die Casa Macaya. Hier wie dort gibt es den kräftig skulptierten Erker mit gedrehten Säulen und den Balkon mit knorpelig-vegetabiler Brüstung. Die **Dachzone** der Stadtvilla erfuhr grundlegende Veränderungen. Anstelle der Treppengiebel gibt es nun eine gestaffelte Front weit vorspringender Dächer – einen niedrigen Mittelteil und turmartig erhöhte Seitenteile.

Die *Kapitelle* in den beiden reich dekorierten **Türrahmungen** stammen von dem Bildhauer *Eusebi Arnau*. Er flocht in den vorgeblich spätgotischen Rahmen muntere Alltagsszenen ein. Wunderbar sind die Darstellungen der verschiedenen Arten des Reisens: Der Bauer schaukelt auf einem Ochsen dahin, der Städter thront auf seinem flinken Drahtesel.

Im **Inneren** haben beide Häuser wenig miteinander gemein. Ist das eine in geschichtsträchtiges Dunkel gehüllt, strahlt das andere in lichten Farben. Puig i Cada-

Die Stierkämpfe in der Jugendstilarena La Monumental werden vor allem für Touristen veranstaltet – Einwohner Barcelonas sind auf den Rängen seltener zu treffen

falch hielt den *Innenhof* ganz in Weiß-Gelb und überzog weite Teile der Wände und Decken mit *Esgrafiados*, ornamentalen Wandmalereien, deren Umrisse in den Putz geritzt werden. Bezaubernd ist die Vielfalt der *Ornamentformen*. Die hohen schmalen Fenster mit arabisierend getreppten Rahmungen sind mit Gittern aus stachligen, schmiedeeisernen Pflanzen versehen. Kräftige Blumen umwinden die Kapitelle und Säulenschäfte.

61 La Monumental

Stierkampfarena im ›maurischen‹ Jugendstil.

Gran Via de les Corts Catalanes 749
www.torosbarcelona.com
Metro L2: Monumental

›La Monumental‹ mutet in der monotonen großstädtischen Umgebung geradezu fremdartig an: dunkle, massige Backsteintürme, maurische Zwillingsfenster, eiförmige Kuppeln hinter den Turmzinnen, blendend weiße Kachelflächen, von blauen geometrischen Mustern durchbrochen. Summe dieser Formen ist die einzige **Jugendstil-Arena** der Welt. Wie so viele andere Bauten in der Eixample ist auch sie kein Neubau. Zwei Jahre nach ihrer Einweihung war die neue Stierkampfarena bereits zu klein, sodass die Architekten *Ignasi Mas Morell* und *Domènec Sugrañes Gras* 1916 mit der umfassenden Erweiterung beauftragt wurden. Noch heute werden hier Stierkämpfe ausgetragen (April–Sept. So ca. 17.30 Uhr). Neben den Ställen zeigt das **Museu Taurí** (Tel. 932 45 58 03, Mo–Sa 11–14 und 16–20, So 11–13 Uhr) Interessantes zum Thema *Stierkampf*: Kostüme, Stierköpfe und Poster.

Weiter südöstlich erhebt sich nahe des Teatre Nacional de Catalunya der futuristische Neubau des **Auditori de Barcelona** (Carrer Lepant 150, Tel. 932 47 93 00, www.auditori.org). Architekt Rafael Moneo entwarf das 1988–2002 entstandene Konzertgebäude, in dem heute ein weites Spektrum von klassischer bis moderner Musik dargeboten wird. In dem Gebäude ist auch das **Museu de la Música** (Carrer Padilla 155, Tel. 932 56 36 50, www.museumusica.bcn.es, Mo, Mi–Fr 11–21, Sa/So 10–19 Uhr) untergebracht, das hier seine umfangreiche Instrumentensammlung präsentiert.

Die nahe gelegene Plaça de les Glòries Catalanes wird seit 2004 vom 142 m hohen **Torre Agbar** des französischen Architekten Jean Nouvel überragt. In der Näher lockt das Kulturzentrum **La Farinera** (Gran Via de les Corts Catalanes 837, Tel. 932 91 80 80, www.farinera.org) zu Theater, Tanz und Konzerten.

Von der Avinguda de Gaudí zum Parc Güell – gebaute Utopien

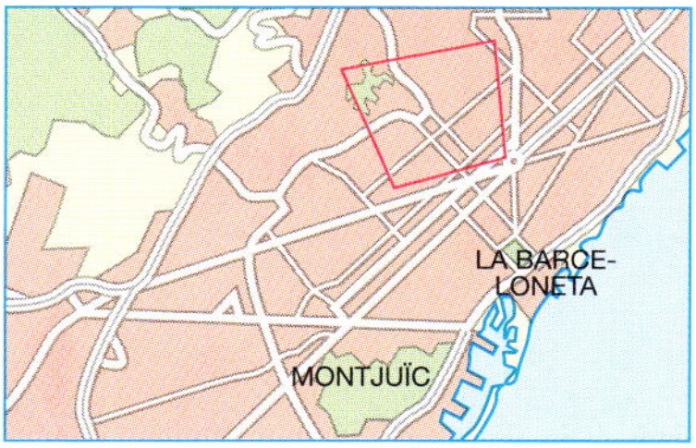

Barcelona ist eine Stadt der scharf kalkulierenden Kaufleute, der Bankiers und Immobilienmakler. Ein Sprichwort sagt, der Katalane verstehe es, Steine in Brot zu verwandeln. Dennoch ist Barcelona auch eine Stadt der Utopien und der hochfliegenden Ideen. Die bekannteste ist vielleicht Cerdàs Plan der Eixample, einer demokratischen Stadterweiterung [s. S. 76]. Eine andere ist *Gaudís* Idee der riesigen Kirche **La Sagrada Família**, die zu Beginn des 20. Jh. entwickelt wurde. In diesen Fragment gebliebenen Bau strömen nun Scharen von Touristen. Zudem wurde eine gewaltige Krankenhausanlage in grandiosestem Jugendstil errichtet, die zugleich modernsten Erfordernissen gerecht wurde, und es gab sozialutopische Ansätze zu einer Stadt im Grünen, aus der die weitläufige Anlage des Parc Güell hervorging.

62 Avinguda de Gaudí

Der Boulevard verbindet zwei der bedeutendsten Bauten des Modernisme.

Metro L2, L5: Sagrada Família

Die Avinguda de Gaudí wurde durch Plätze und Parks in die Umgestaltung und Erneuerung Barcelonas einbezogen [s. S. 65]. Weitgehend verkehrsberuhigt, verwandelte sie sich in eine kleine Rambla dieses Viertels. Die Mitte des Boulevards, in Höhe des Carrer Castillejos, markiert die **Skulptur** »El bon temps perseguint la tempesta« (Das schöne Wetter folgt auf den Sturm) von Apel.les Fenosa, die aus zwei Bronzefiguren besteht. Ein Engel mit ausgestreckten Armen und mächtigen Schwingen folgt einem grotesken mehrarmigen Wesen mit wehender Kleidung.

Die wichtige **städtebauliche Funktion** dieses Straßenzuges liegt in der Verbindung der bedeutendsten Bauten der beiden größten Architekten des Modernisme begründet: Am Beginn der Avinguda steht die *Sagrada Família*, das Hauptwerk Gaudís. Den Abschluss bildet das *Hospital de Santa Creu i Sant Pau* [Nr. 64], das Hauptwerk von Lluís Domènech i Montaner.

◁ *La Sagrada Família: Antoni Gaudís spektakuläres Lebenswerk ist Wahrzeichen Barcelonas*

63 Sagrada Família

TOP TIPP

Gaudís berühmtestes Gebäude, sein Lebenswerk – ›eine Predigt in Stein‹.

Plaça de la Sagrada Família
Tel. 932 08 04 14
www.sagradafamilia.org
April–Sept. tgl. 9–20 Uhr,
Okt.–März tgl. 9–19 Uhr
Metro L2, L5: Sagrada Família

Bereits ein Jahr nach der Grundsteinlegung übernahm der erst 31-jährige *Antoni Gaudí* [s. S. 89] 1883 die Bauleitung für die Kirche zur Heiligen Familie, die allein durch Spenden finanziert werden sollte. Sein Vorgänger Francisco del Villar hatte eine neugotische Kathedrale geplant, von der zu diesem Zeitpunkt erst Teile der Krypta fertig gestellt waren.

Die Kirche sollte zum Lebenswerk Gaudís werden. Die letzten zwölf Jahre seines Lebens widmete er ausschließlich diesem **Projekt**, zum Schluss bezog er sogar eine Werkstatt auf der Baustelle, um dort immer präsent zu sein. Gaudí hatte als Bauzeit 200 Jahre veranschlagt und daher auch keinen Gesamtentwurf hinterlassen. Kommende Generationen sollten ein Mitspracherecht an der Architektur dieses Mammutprojekts haben. So sind nur Teilmodelle, verschiedene Entwürfe und eine Übersicht zur religiösen Symbolik des ganzen Baues erhalten. Über dem

Figurenreich und von unendlicher Formenvielfalt: Detail des Geburt-Christi-Portals an der Ostfassade der Sagrada Família mit musizierenden Engeln von Antoni Gaudí

Grundriss des lateinischen Kreuzes sollte eine fünfschiffige Basilika mit dreischiffigem Querschiff entstehen. Siebzehn minarettartige, je 100 m hohe *Türme* sollten dieses »steingewordene Gebet« über die Stadt hinaus verkünden: Den zentralen Vierungsturm wollte Gaudí mit vier Türmen umgeben, ein Sinnbild für das Wort Christi, das durch die Schriften der vier Evangelisten in alle Welt verkündet wird. An jeder der drei Fassaden sollten vier Türme stehen, deren Summe auf die Zwölfzahl der Apostel verweist. Gaudí schwebte die Kirche zuletzt als gewaltige, von innen heraus leuchtende *Farbkomposition* vor: Jedes Bauteil erstrahlt in der liturgischen Farbe, die seiner symbolischen Funktion im Gesamtkomplex entspricht. Sämtliche Möglichkeiten mittelalterlicher Bildersprache sollten zusammenwirken. Was die *Konstruktion* anbelangt, war Gaudís größtes Vorbild und maßgebende Richtschnur die Natur. Gerne verwies er auf den Baum, bei dem alle Dinge ganz ohne äußere Hilfe im Gleichgewicht seien. Strebebögen und -pfeiler lehnte er als ›Krücken‹ ab und entwickelte an ihrer Stelle schräg gestellte, sich verzweigende Stützen. Das Hauptschiff wäre so zu einem wahren Säulenwald geworden. Doch Gaudí selbst konnte nur die Krypta und den größten Teil der Ostfassade fertig stellen. Außerdem legte er die Themen der drei Fassaden fest.

Ikonografisches Programm der **Ostfassade** ist die Geburt Christi. Die *Portale* thematisieren Liebe (dargestellt ist die Geburt Christi), Hoffnung (Flucht nach Ägypten und bethlehemitischer Kindermord) und Glaube (der predigende Christus, Elisabeth, Zacharias, Maria und Joseph). An dieser größtenteils von Gaudí selbst errichteten Fassade lässt sich seine Entwicklung als Architekt gut nachvollziehen. Die Portalzone ist noch ganz im Sinne des Modernisme mit zahlreichen Figuren besetzt, besonders schön ist der *Tierfries* in den Gewänden der drei Portale. Doch je mehr die Fassade nach oben wächst, desto stärker wird die Architektur selbst zur Skulptur. Programm der zur Stadt hin orientierten **Westfassade** (Entwürfe 1911–17) ist die Passion. Die **Südfassade** (Entwurfsbeginn 1916) beschreibt das Jüngste Gericht.

1952 wurden die Arbeiten an der Sagrada Família wieder aufgenommen. Die umstrittenen *Figuren* am **Passionsportal** stammen von dem katalanischen Bildhauer *Josep Maria Subirachs*, der sie in den 1980er-Jahren schuf. Beeindruckend ist seine metallisch scharf geschnittene Christusfigur hinter der Geißelsäule. In der mittleren Zone trägt Christus das Kreuz, begleitet von der Figur der Veronika. Im Hintergrund erkennt man das Kreuz auf Golgatha, flankiert von Maria und Johannes.

Rechts von der Kirche ist das kleine **Museu de la Sagrada Família** (Carrer Mallorca 401) zur Geschichte der ›Baustelle ohne Ende‹ eingerichtet. Zu sehen sind u. a. die ersten Pläne für die neugotische Basilika von Villar. Fotos früher Projekte von Gaudí begleiten Bilder, die den Fortgang der Arbeiten an der Sagrada Família dokumentieren. Außerdem gibt es verschiedene Entwurfszeichnungen, Skizzen und Modelle. Hoch interessant sind die Studien zu den von Gaudí geschaffenen Skulpturen.

Spannend ist auch ein Ausflug in die verschlungene Welt der **Turmfamilie** am Ostportal. Man kann den Aufzug benutzen oder zu Fuß die nicht enden wollenden Wendeltreppen erkunden und dabei immer neue, faszinierende **Ausblicke** über die Stadt entdecken.

64 Hospital de Santa Creu i Sant Pau

Einzigartiger Klinikkomplex im Jugendstilgewand, heute Universitätsklinik.

Carrer de Sant Antoni Maria Claret 167
Tel. 932 56 25 04
www.santpau.es
Besichtigung nur mit Führung: 10.15 und 12.15 (Englisch), 11.15 (Katalanisch), 13.15 Uhr (Spanisch)
Infocenter: tgl. 10–14 Uhr
Metro L5: Hospital de Sant Pau

Auf einer Fläche von 10 ha errichtete *Lluís Domènech i Montaner* ab 1902 ein weitläufiges Krankenhaus. Geschickt vereinte er beste Jugendstil-Architektur mit damals modernsten technischen, hygienischen und organisatorischen Einrichtungen. Das Projekt fußt auf der Idee der **Gartenstadt**. Domènech bettete 48 voneinander unabhängige Pavillons, die für die verschiedenen medizinischen Abteilungen benötigt wurden, in eine weitläufige **Gartenanlage** ein. Die Verbindungsgänge sind wie alle technischen Einrichtungen unter die Erde verlegt. Seit 1997 zählt das Areal zum UNESCO-Weltkulturerbe.

Schon von weitem sieht man das **Hauptgebäude**, hoch und schmal, bekrönt von einem Uhrtürmchen und durchbrochen von drei Achsen riesiger Rundbogenfenster, eher Durchgang als Zentrum. Den Eintretenden begrüßt eine biedermeierlich pathetische *Skulptur* der Barmherzigkeit: Unter der Büste des Bau-

Gaudí – Barcelonas Vorzeigearchitekt

Im Jahre 1852 erblickte **Antoni Gaudí i Cornet** in der Provinzstadt Reus, südwestlich von Tarragona, das Licht der Welt. Der junge Katalane studierte und baute fast ausschließlich in Barcelona. Er und seine architektonischen Mitstreiter, darunter die Baumeister **Domènech i Montaner** und **Puig i Cadafalch**, setzten die Highlights in das eintönige Raster der Eixample, Barcelonas Stadterweiterung. Gaudí konnte es sich leisten, verschwenderisch und innovativ zu bauen. Sein Geld- und Auftraggeber war das Großbürgertum Barcelonas, darunter Gaudís Freund und Mäzen, der Textilfabrikant **Graf Eusebi Güell**, der ihn in die gute Gesellschaft einführte.

Die **Inspiration** für die Gestaltung seiner Wohnhäuser und Villen, seiner Gartensiedlungen und Kirchen suchte Gaudí in der Vielgestaltigkeit der Natur. Er liebte geschwungene Konturen, Schlangenlinien, reichen Ornamentschmuck und entwickelte neue Theorien über die Stütztechnik. Auch die **Innenausstattung** vieler Bauten wurde von Gaudí selbst übernommen. Mit Vorliebe schmückte er seine Bauwerke mit Holzeinlegearbeiten, skurrilen Möbelstücken, bunten Glastüren, Keramik- und Eisenverzierungen.

Beispiele seines Wirkens sind über die ganze Stadt verteilt. Höhepunkt ist jedoch zweifellos die **Sagrada Família** [Nr. 63], die bis heute nicht vollendete Sühnekirche, der Gaudí die letzten zwölf Jahre seines Lebens widmete, bis er 1926 nach einem Straßenbahnunfall im Antic Hospital de Santa Creu i Sant Pau starb.

initiators Pau Gil sitzt eine Frau, an die sich ein kranker Mann und ein Mädchen schmiegen. Die **Eingangshalle** mit Muldengewölben und gedrungenen Säulen wirkt ›mittelalterlich‹, aufgelockert durch die üppigen Blattkapitelle sowie helle Fliesen in Rosa und Hellblau. Die *Skulpturengruppe* links vor der Treppe ist ebenfalls ein Konglomerat aus Mittelalter und Modernisme: Ein jugendlicher hl. Martin teilt seinen Mantel mit dem Bettler, assistiert von einer Nonne und einem Priester.

Verlässt man das Hauptgebäude nach hinten, kommt man zu den ersten **Pavillons**, die eine fantastische Mischung mittelalterlicher und arabisierender Architektur und Dekoration bilden, vereint unter dem weiten Mantel des Jugendstils: farbige Kuppeln, minarettartige Türme, ein Wegkreuz u. v. m.

Der katalanische Bankier Pau Gil hatte in seinem Testament den Bau eines Krankenhauses verfügt. Aus seinem Nachlass wurde ein großes Gelände, angrenzend an die Eixample, erworben. 1902–11 konnte nur ein Viertel der vorgesehenen Arbeiten bewältigt werden, dann war das ausgesetzte Legat erschöpft. Man beschloss daher, das alte Hospital de Santa Creu i Sant Pau [Nr. 45] aus der Altstadt zu verlegen und mit diesem Krankenhaus zu verbinden. Aus seinen Mitteln sollten die restlichen Grundstücke erworben und das Projekt fertig gestellt werden. 1912 begann damit die **zweite Bauphase** des Hospitals. Nach dem Tod von Lluís Domènech i Montaner 1923 führte sein Sohn *Pere Domènech i Roura* die Arbeiten weiter. Am 16. Januar 1930 übergab Alfonso XIII. das neue Krankenhaus seiner Bestimmung.

Faszinosum sondergleichen: Der Jugendstilkomplex des Hospital de Santa Creu i Sant Pau von Domènech i Montaner als Potpourri mittelalterlicher und arabischer Formen

Traumlandschaft aus Kachelbruch: Antoni Gaudís berühmte Schlangenbank im Parc Güell ist eine Attraktion, die sich kaum ein Barcelona-Besucher entgehen lässt

65 Parc Güell

TOP TIPP *Fantasievolle katalanische Gartenstadt.*

Haupteingang am Carrer Olot
Metro L3: Vallcarca, Bus 24, 92, 116

Der Mäzen und Freund Gaudís, Graf Eusebi Güell, war ein begeisterter Anhänger der um die Wende zum 20. Jh. populären Idee der englischen Gartenstädte. 1900 beauftragte er *Gaudí* [s. S. 89] mit dem Bau einer solchen Wohnkolonie auf dem baumlosen Hügel der Muntanya Pelada. Gaudí teilte die vorhandenen 15 ha in rund 60 dreieckige **Parzellen** auf, die zusammen ein großes Quadrat ergaben, und sah den Rest des Grundstückes für Parkanlagen und Gemeinschaftseinrichtungen vor. Von den Parzellen konnten jedoch nur zwei verkauft werden, eine an Gaudí selbst, die andere an einen Freund. Der finanzielle Misserfolg zwang Güell und Gaudí, 1914 ihr Projekt aufzugeben. In den 1920er-Jahren öffnete die Stadt den Park für die Allgemeinheit. 1984 erklärte ihn die UNESCO zum Weltkulturerbe.

In dem Musterhaus, in dem Gaudí ab 1906 gelebt hatte, ist heute das **Casa Museu Gaudí** (Tel. 932 19 38 11, www.casamuseugaudi.org, April–Sept. tgl. 10–20 Uhr, Okt.–März tgl. 10–18 Uhr) eingerichtet. Ausgestellt sind persönliche Dinge und Mobiliar aus einigen der von dem Architekten gebauten Häuser.

Eine hohe Mauer mit sieben Toren umgibt den **Park**. Der Haupteingang im Carrer Olot wird von zwei ovalen *Pavillons* (links das Pförtnerhaus mit Infocenter – tgl. 11–15 Uhr –, rechts das Verwaltungsgebäude) gerahmt. Wieder zeigt sich Gaudís Bestreben, Natur und Architektur zu verbinden. Wie große Pilze mit auslappenden, bizarr hochgezogenen Kappen wachsen die beiden Häuschen aus der Natursteinmauer. Durch das schmiedeeiserne *Tor*, verziert mit Gaudís typischem Palmblattmotiv, führt der Weg zu einer geschwungenen *Treppenanlage*, unterteilt von Pflanzbecken und zwei *Brunnen*. Aus dem einen ragt ein bunter Schlangenkopf, aus dem anderen reckt sich eine riesige gesprenkelte Echse empor. Über die Treppe gelangt man in eine weite *Säulenhalle*, die als Markthalle geplant war. Die 86 dorischen Sandsteinsäulen sind schräg gestellt und innen hohl. Sie dienen als Fallrohre für Regenwasser, das in eine Zisterne weitergeleitet wird, aus der auch die Brunnen des Treppenaufganges gespeist werden. Das Dach der Markthalle ist gleichzeitig ein großer Platz. An seinem Rand windet sich die berühmte *Schlangenbank* entlang, gänzlich von farbigen Kachelbruchstücken und Glassplittern bedeckt.

Montjuïc – Museumsvielfalt am Hausberg Barcelonas

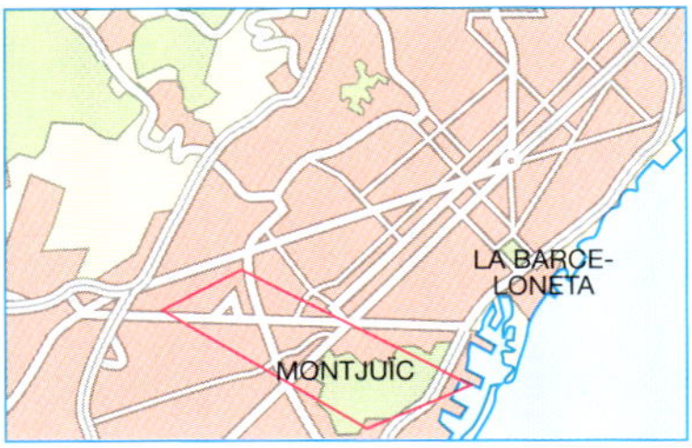

Montjuïc und Tibidabo sind die markantesten Kuppen einer Hügelkette, die den Rahmen Barcelonas bilden. Gleichzeitig bieten sie dem Großstädter grüne **Erholungsgebiete** und den Blick auf das Meer und in die Berge.

Das wohl reizvollste Angebot des Montjuïc sind seine Museen unter schattigen Bäumen: Da gibt es mit der **Fundació Joan Miró** ein Museum für moderne Kunst, das für seine mittelalterlichen Fresken aus den Pyrenäen weltberühmte **Museu Nacional d'Art de Catalunya**, das **Museu d'Arqueologia** zur Besiedlungsgeschichte Kataloniens sowie das repräsentative **Museu Etnològic** mit Exponaten verschiedener Volksstämme aus allen Erdteilen. Im **Poble Espanyol**, dem so genannten Spanischen Dorf, sind alle Landschaften Spaniens mit Nachbildungen ihrer typischen Häuser vertreten. Außerdem locken eine Reihe neuer **Parks** sowie die zur Olympiade 1992 entstandenen **Sportanlagen**.

66 Plaça d'Espanya und CaixaForum

Weiträumiges Vestibül des Weltausstellungsareals von 1929.

Metro L1, L3: Espanya

Die kreisförmige Plaça d'Espanya ist einer der verkehrsreichsten Plätze Barcelonas und Schnittpunkt der beiden größten Straßen der Stadt, der Gran Via de les Corts Catalanes und der Avinguda del Paral.lel. Im Zentrum des Platzes errichtete der Gaudíschüler *Josep Maria Jujol* ein allegorisches **Monument**, unentschieden zwischen Triumphtor und kleinem Tempel, mit dem Thema ›Spanien überantwortet sich Gott‹. Die weiblichen *Figuren* der Brunnenanlage verkörpern die drei Meere, die Spanien umschließen: das Mittelmeer, das Kantabrische Meer und den Atlantik.

Zwischen Carrer Tarragona und Gran Via de les Corts Catalanes liegt **Les Arenes**, die zweite Stierkampfarena der Stadt, mit

Das imposante Brunnendenkmal ›España Ofrecida a Dios‹ (Das Gott geweihte Spanien) steht im Zentrum der Plaça d'Espanya ▷

52 m Durchmesser. Sie fasst 15 000 Zuschauer, wird aber schon seit geraumer Zeit nicht mehr für ihre eigentliche Bestimmung genutzt. Derzeit finden umfangreiche Umbauten statt. Die Wiedereröffnung des Areals ist für Ende 2009 geplant. Rechts neben der Arena glänzt ein riesiger *Schmetterling* über den Häusern in der Sonne. Der Baumeister *Josep Graner i Prat* verkleidete mit diesem Falter aus Keramikbruchstücken den Giebel seines 1912 errichteten Mietshauses, der **Casa de la Papallona** (Carrer Llança 20).

Zwei 47 m hohe venezianische *Backsteintürme* markieren den Beginn der **Avinguda de la Reina Maria Cristina**, einer breiten Prachtstraße, die direkt auf den Montjuïc zuführt. Sie wird gesäumt von eindrucksvollen Messegebäuden und endet in einer breiten Treppenanlage. Die *Wasserbecken* in der Straßenmitte werden am Fuß der Treppe von einer kreisrunden Brunnenschale abgeschlossen. Bei Nacht verwandeln sich diese Wasserspiele bisweilen in einen leuchtenden, sprühenden Vorhang aus Wasser und Licht, die **Font Màgica**. Diese technische Meisterleistung mit 4730 Lampen in zehn verschiedenen Farben entwickelte der Ingenieur *Carles Buïgas* anlässlich der Weltausstellung 1929.

Nicht weit von der Fontäne entfernt steht das **CaixaForum** (Av. Marquès de Comillas 6–8, Tel. 934 76 86 00, www.obrasocial.lacaixa.es, So–Fr 10–20, Sa 10–22 Uhr), das in einer prächtigen, von Josep Puig i Cadafalch 1913 im Stil des Modernisme erbauten ehemaligen Fabrikanlage untergebracht ist. Das beliebte Kulturzentrum zeigt hochkarätige Kunstausstellungen, die bedeutenden Künstlern wie Dalí, Rodin, Hogarth oder Cartier-Bresson gewidmet sind. Im *Espai Montcada* werden vorrangig Werke von jungen Künstlern präsentiert. Darüber hinaus locken Konzerte, Lesungen, Multimediakunst und Vorträge ein bunt gemischtes Publikum in das Kleinod der Art Nouveau-Industriearchitektur. Informationen zur Geschichte der einstigen Textilfabrik und ihres Architekten erhält man in einer Dauerausstellung.

67 Museu Nacional d'Art de Catalunya

TOP TIPP *Die wohl größte Sammlung romanischer Wandmalereien auf der Welt.*

Palau Nacional, Parc de Montjuïc
Tel. 936 22 03 76
www.mnac.es
Di–Sa 10–19, So/Fei 10–14.30 Uhr
Metro L1, L3: Espanya

Barcelona verlor seine politische und wirtschaftliche Bedeutung zu Beginn der Neuzeit. Damals begannen die europäischen Königs- und Fürstenhöfe mit ihren Kunstsammlungen, die heute die Bestände der großen Museen Europas bilden. Noch Ende des 19. Jh. besaß Barcelona daher lediglich einige unerhebliche Sammlungen. Erst ab 1907 wurde im Museum des Parc de la Ciutadella gezielt romanische und gotische Kunst gesammelt, bis die Bestände schließlich so anwuchsen, dass man in ein größeres Gebäude auswich. 1934 wurde im ehem. spanischen Pavillon der Weltausstellung von 1929 das Museum für Katalanische Kunst eröffnet: Eine exquisite **Sammlung** mittelalterlicher Wandmalereien, die sich in den abgelegenen Kirchen und Klöstern der Pyrenäen und ihrer Ausläufer erhalten hatten. Zwei Beweggründe ließen diese außergewöhnliche Kollektion zustande kommen: Zum Einen die katalanische Renaixença im 19. Jh., die eine intensive Beschäftigung mit der mittelalterlichen Vergangenheit mit sich brachte, zum Anderen der Wunsch, den Verfall katalanischen Kulturgutes zu verhindern und seinen Ausverkauf ins Ausland zu unterbinden. In einer groß angelegten Aktion wurden die *Fresken* – nachdem einige zuvor bereits in den Handel gelangt waren – von den Wänden der Kirchen abgenommen und in dem neuen Museum zusammengetragen.

In den *Kirchen* wurde vom 10. bis zum 12. Jh. in erster Linie die Wand hinter dem Hauptaltar, die Apsis, mit Malereien geschmückt. In der Halbkuppel thront Christus als Pantokrator in der Mandorla. In der linken Hand hält er sein Buch, die rechte hat er zum Segensgestus erhoben. Ihn umgeben die vier geflügelten Wesen zusammen mit den ranghöchsten Engeln (Cherubim und Seraphim). Irdische Basis dieses ›Himmels‹ sind die zwölf Apostel, in ihrer Mitte Maria. Im untersten Abschnitt breiten sich Fabelwesen zwischen dekorativen Tüchern aus. Ab Ende des 12. Jh. kann auch die Maria des byzantinischen Typus der ›Gottes-

›Christus Pantokrator‹: Das Apsisfresko von Sant Climent aus Taüll im Museu Nacional d'Art de Catalunya ist ein Glanzstück der katalanischen Malerei des 12. Jh.

Blickpunkt der Prachtstraße Avinguda de la Reina Maria Cristina: Palau Nacional, in dem das Museu Nacional d'Art de Catalunya einen imposanten Rahmen gefunden hat

Magischer Brunnen 20-24^{00}

gebärerin‹ anstelle des Pantokrators in der Mandorla thronen.

Eines der qualitätvollsten Beispiele einer solchen Apsisausmalung stammt aus **Sant Quirze de Pedret** und entstand wohl um 1100. In der Wölbung sieht man die thronende Gottesmutter, darunter die klugen (links) und törichten (rechts) Jungfrauen: in Erdfarben gehaltene elegante Erscheinungen mit riesigen Augen, ganz nach byzantinischem Geschmack.

Weniger höfisch ist das Apsisfresko aus **Santa Maria d'Aneu**, 12. Jh. Die thronende Gottesmutter (stark beschädigt) empfängt die drei Weisen, die sich demütig mit ihren Gaben nähern. Die am besten erhaltene Figur des Melchior bietet eine der seltenen Gelegenheiten, weltliche Kleidung des Mittelalters kennen zu lernen. Unter den Weisen erscheinen menschliche Köpfe, umgeben von sechs gewaltigen Schwingen, die mit Augen übersät sind – Cherubim aus der Vision des Ezechiel.

Ein Höhepunkt der katalanischen Malerei des 12. Jh. ist der Christus aus der Apsis von **Sant Climent**, Taüll, im Boital: Im Zentrum einer sehr dichten und ausgewogenen Komposition thront die majestätische Figur Christi. Sie ist umgeben von den vier Evangelisten und Cherubim. Das geöffnete Buch verkündet ihn als ›Licht der Welt‹, als ihren Anfang und ihr Ende. Ungewöhnlich ist die realistische Darstellung Mariens als zahnlose Matrone im Kreise der Jünger.

Der Eindruck aus solchen mittelalterlichen Kirchen wird ergänzt durch interessantes *liturgisches Mobiliar, Altarantependien* und *Holzplastiken*. Wichtigste Themen in der Plastik sind die thronende Gottesmutter und Christus als König am Kreuz in langem, gegürtetem, farbig gefasstem Gewand.

In den **gotischen Sälen** liegt der Schwerpunkt auf der *Tafelmalerei*. Hier wird zwischen drei Schulen unterschieden: der so genannten französischen Gotik, der italienischen Gotik und der internationalen Gotik. Großteils sind die Meister nun namentlich bekannt und dokumentiert: Die berühmtesten in Barcelona tätigen Künstler waren *Pere Garcia de Benavarri* (mit einer überraschend lyrischen Darstellung der Enthauptung Johannes des Täufers), *Bernat Martorell, Bartolomé*

Bermejo und *Jaume Huguet*. In den Kirchen der Stadt finden sich vereinzelt Altäre von ihrer Hand. *Profane Gegenstände* wie Truhen, Brettspiele, Reste bemalter Holzdecken aus Adelspalästen der Stadt runden die gotischen Exponate ab.

Aus dem Palau Aguilar im Carrer Montcada stammt ein großes Wandgemälde, das nach Art einer Chronik Bild für Bild die Eroberung Mallorcas zeigt (um 1280). Fast modern mutet die Trauerszene auf dem Sarkophag des Sancho Saiz Carrillo (um 1300) an: Die Trauernden sind in sackartige, schwarzbraun gestreifte Gewänder gehüllt und raufen sich das gelöste Haar. Hinzu kommen **Maler der Neuzeit**. Höhepunkte sind Werke von El Greco, Francisco de Zurbarán, Jusepe de Ribera, Francisco Ribalta und Diego Velázquez.

Mons Jovis, Judenberg, Montjuïc: Geschichte eines Berges

Seit langem mit der Stadtgeschichte verknüpft, ist der Montjuïc, der Hausberg Barcelonas. Schon in vorrömischer Zeit bestand hier eine **primitive Siedlung**. Die Römer nannten den Berg angeblich ›Mons Jovis‹ – ›Jupiterberg‹ – und bauten im 3. Jh. n. Chr. eine Verbindungsstraße zwischen ihm und dem Mons Taber (Kathedrale). Auf dem Mons Jovis befand sich ein **jüdischer Friedhof** – Funde von alten Grabsteinen sind im Castell de Montjuïc [Nr. 71] ausgestellt – und so erhielt der Berg wohl später den Namen ›Judenberg‹.

Der Stadt im Südwesten vorgeschoben, bot der 213 m hohe, jäh zum Meer abfallende Montjuïc stets eine strategisch wichtige Position. Von hier aus wurden mit Feuer und Kerzen Signale an die Schiffe ausgesandt. 1640 entstand auf der Kuppe eine primitive **Befestigung**, die 54 Jahre später im Spanischen Erbfolgekrieg zur heutigen Festung ausgebaut wurde. Erst 1929, als in Barcelona die zweite Weltausstellung stattfand, bezog man den Montjuïc in das **Stadtgebiet** ein. Damals wurden seine weitläufigen Parks und Gärten angelegt mit zahlreichen Gebäuden für die Weltausstellung, einem Stadion und einer Schwimmhalle. Auf halber Höhe kam ein Vergnügungspark hinzu.

Ein weiterer Schwerpunkt liegt auf dem Modernisme. So sind Werke *Marià Fortunys* zu sehen, darunter seine delikaten Szenen aus orientalischen Bädern, Souks und Harems. Zu ihnen zählt das kleinformatige Bild *L'Odalisca* von 1861. Ein Hauptwerk ist das große Schlachtengemälde *Batalla de Tetuan*, 1863. *Santiago Rusiñol* ist mit stimmungsvollen kleinformatigen Bildern vertreten, die er in Paris malte. Von *Ramón Casas* gibt es intime Frauenbildnisse und Entwürfe für freche und romantische Jugendstilplakate zu sehen.

Hinzu kommen Werke der wichtigsten Bildhauer des Modernisme, darunter Josep Llimona und Pau Gargallo. Dem folgen Architekturmodelle und Beispiele für Inneneinrichtungen wie Möbel von Gaudí für die Casa Batlló [Nr. 51]. Bereits zum 20. Jh. gehören einige kleinere Bilder Dalís und Skulpturen von Pau Gargallo.

Dem Museum angeschlossen ist die **Col.leccio Cambó**. Zu sehen sind Ölgemälde aus der Renaissance und dem Barock mit Werken von Goya, El Greco und Claudio Coello. Hinzu kommen Bilder von Tàpies, Fortuny, Casas und Mir aus der Sammlung **Thyssen-Bornemisza**.

68 Museu d'Arqueologia de Catalunya

Schätze aus Barcelonas Vergangenheit in exquisitem Rahmen.

Parc de Montjuïc,
Passeig de Santa Madrona 39–41
Tel. 934 24 65 77
www.mac.es
Di–Sa 9.30–19, So/Fei 10–14.30 Uhr
Metro L3: Poble Sec

Ursprünglich nur provisorisch im Pavillon der grafischen Künste der Weltausstellung 1929 untergebracht, ist das Archäologische Museum noch heute dort zu finden. Der Architekt *Jaume Marti i Camona* baute den Mittelsaal des **Gebäudes** unaufdringlich, aber effektvoll zu einem runden, sich über zwei Stockwerke erstreckenden Raum um. Ein riesiger, bläulich schimmernder Glasstern in der Decke verbindet die beiden Geschosse und betont sie als Höhepunkt gegenüber den übrigen Räumlichkeiten.

Der chronologisch aufgebaute **Rundgang** beginnt an der linken Tür des Vestibüls. ›Am Anfang war die Steinzeit ...‹: In eine Modellhöhle kehren gerade Jäger von ihrem Tagwerk zurück. Im Weiteren

Ein ästhetischer Höhepunkt des Museu d'Arqueologia de Catalunya ist der Pompejanische Rundsaal, in dem Gefäße aus buntem Glas und die Figur eines trunkenen Fauns zu sehen sind

sind Werkzeuge, Grabbeigaben und Modelle verschiedener Bestattungsweisen von der Steinzeit bis zur Kultur der Balearengräber zu sehen. Interessante Zeugnisse der Kultur der Karthager stammen aus der Nekropole Puig dels Molins auf Ibiza. Das bedeutendste Stück ist die so genannte *Dame von Ibiza*, geschmückt mit Diadem und Kollier. Daneben gibt es Oranten, Idole und Schmuck aus Gold und Glas. Den größten und am ausführlichsten dokumentierten Saal nehmen *Funde aus Emporion* ein. Empúries, nördlich von Barcelona, war eine der westlichsten Kolonien Griechenlands im Mittelmeerraum. Im 2. Jh. v. Chr. wurde es römisches Militärlager und schließlich römische Stadt. Vom täglichen Leben in Empúries zeugen zahlreiche Tongefäße, Scherben schöner schwarz-roter Keramik, Reste römischer Fresken, Glasbruchstücke und verschiedenste Geräte aus Bronze: Weihgaben, Schmuck, Öllampen, Gefäße, Hausrat und Instrumente für die Körperpflege.

Im **Mittelsaal** sind einige schöne Statuen und frühchristliche Sarkophage aus Barcelona zu sehen. Im **Obergeschoss** befinden sich etruskische Sarkophage und, für den, der das Barri Gòtic [s. S. 18] bereits erkundet hat, interessante Überreste römischer Bauten.

69 Museu Etnològic

Kunsthandwerk verschiedener Kulturen anschaulich präsentiert.

Passeig de Santa Madrona 16–22
Tel. 934 24 68 07
www.museuetnologic.bcn.es
Juli–Sept. Di–Sa 12–20, So 11–15 Uhr, Okt.–Juni Di, Do 10–19, Mi, Fr–So 10–14 Uhr
Metro L3: Poble Sec

Das Ethnologische Museum wurde 1948 gegründet und fand 1973 hier in einem modernen Bau mit gestaffelten sechseckigen Ausstellungskojen eine neue Heimstätte. Die **Sammlungsbestände** stammen aus Marokko, Japan, Nepal, Indien, Tibet, Afghanistan, Südamerika, Äthiopien, Senegal, Australien, den Philippinen und Spanien. In Wechselausstellungen stellt das Museum verschiedene Kulturen vor und präsentiert Kunstwerke, archäologische Funde, Textilien und Kleidung, Keramik und Alltagsgegenstände.

70 Fundació Joan Miró

TOP TIPP *Ein lichtes Museum eröffnet die heitere Welt des Malers Miró.*

Plaça Neptúr – Parc de Montjuïc
Tel. 934 43 94 70
www.bcn.fjmiro.es
Juli–Sept. Di/Mi, Fr/Sa 10–20, Do 10–21.30, So 10–14.30 Uhr
Okt.–Juni Di/Mi, Fr/Sa 10–19, Do 10–21.30, So 10–14.30 Uhr
Metro L2, L3: Paral·lel, Bus: 50, 55

Auf halber Höhe des Montjuïc, kurz vor dem Vergnügungspark, steht zwischen Zypressen eine Gruppe schlichter weißer Würfelhäuser, das Miró-Museum. Berauschend sind die Farb- und Lichtkontraste zwischen den weißen Baukuben, dem Grün der Bäume des umgebenden Parks und dem meist strahlend blauen Himmel. Mit dem Wind über den Hügeln entschwindet die erdrückende Lärm- und Smogkulisse der Stadt. An klaren Tagen scheint der Tibidabo greifbar nahe.

Josep Lluís Sert (1902–1983), Schüler Le Corbusiers und einer der bedeutendsten katalanischen Architekten des 20. Jh., schuf den **Bau** für seinen Freund Joan Miró 1972–75. Er orientierte sich an der klaren Organisation des mediterranen Bauernhauses und gruppierte die kubischen Gebäudeteile additiv um zwei Innenhöfe. Erweiterungsbauten wie 1986 und 2000 sind problemlos möglich. Durch letztere gewann das Museum weitere 500 m². Teil davon ist die *Sala K*, in der die 300 Werke umfassende Privatsammlung des japanischen Galeristen Kasumasa Katsuta als langfristige Leihgabe Platz findet. Erhalten bleibt das spannungsreiche Wechselspiel von Licht und Schatten, Innen und Außen, Kunst und Architektur. Die fließend ineinander übergehenden *Innenräume* werden überraschend nach oben aufgebrochen oder greifen aus auf *Dachterrassen*, die nicht nur zum Betrachten der farbigen, formal verknappten Skulpturen Mirós einladen, sondern auch überwältigende Ausblicke über die Stadt bieten.

In diesem lichtdurchfluteten Gebäude kommen die so populär gewordenen Arbeiten des Katalanen **Joan Miró** ideal zur Geltung. Es sind starkfarbige Werke, aufgebaut aus hintersinnigen Chiffren, denen er poetische Titel gab: ›Entfliehendes Mädchen‹, ›Die Zärtlichkeit eines Vogels‹, ›Frau und Vogel‹, ›Frau bei Nacht inmitten eines Vogelschwarmes‹, ›Mond, Sonne und Stern‹. Gezeigt wird ein einzigartiger Überblick über die gesamte Schaffensbreite Mirós: Gemälde, Skulpturen, textile Objekte, Bühnenentwürfe, Skizzen und Zeichnungen, die die Entwicklung des Künstlers von Kindheit an verfolgen

Heitere Kunst: In munter-kraftvollen Farben leuchtet die Skulptur ›La Défense‹ (1975) des katalanischen Künstlers in der Fundació Joan Miró

Erinnerung an kriegerische Zeiten: Im Castell de Montjuïc, das lange als Festung, Militärgefängnis und Hinrichtungsstätte diente, ist heute das Museu Militar eingerichtet

lassen. Im Archiv wird darüber hinaus das gesamte grafische Œuvre Mirós aufbewahrt. Eine Schenkung anlässlich der Museumseröffnung ist der so genannte Quecksilber- oder **Merkurbrunnen** von *Alexander Calder*. Der Amerikaner schuf ihn 1937 für den spanischen Pavillon auf der Weltausstellung in Paris.

Die Idee zu einer Miró-Stiftung geht auf *Joan Prats*, einen Jugendfreund des Künstlers, zurück. Er legte mit einer Schenkung, die frühe Werke bis 1960 umfasste, den Grundstock zu der **Sammlung**. Hinzu kamen zahlreiche Alterswerke, die Miró selbst beisteuerte, und eine posthume Stiftung seiner Frau Pilar. Ergänzt wird dieser Bestand durch eine Sammlung moderner und zeitgenössischer Kunst, zumeist Schenkungen der jeweiligen Künstler an die Stiftung, sowie durch Wechselausstellungen mit Werken der internationalen Avantgarde. Das **Studienzentrum** bietet eine ausgezeichnete Bibliothek, Aufführungen zeitgenössischer Musik, Film, Video und andere Veranstaltungen. Außerdem gibt es eine gut sortierte Museumsbuchhandlung mit internationalen Publikationen.

Folgt man beim Miró-Museum der Straße hügelaufwärts, gelangt man zur Drahtseilbahn **Funicular**. Sie erspart den manchmal schweißtreibenden weiteren Aufstieg zum Castell [Nr. 71] und gewährt einen atemberaubenden Blick über die Stadt sowie auf den Parc d'Atraccions mit seiner Jahrmarktatmosphäre.

71 Castell de Montjuïc

Militärmuseum an geschichtsträchtigem Ort mit einzigartigem Ausblick.

(Museu Militar)
Tel. 933 29 86 13
April–Okt. Di–So 9.30–20 Uhr, März, Nov. Di–Fr 9.30–18.30, Sa/So 9.30–20 Uhr, Dez. Di–Fr 9.30–17, Sa/So 9.30–20 Uhr, Jan./Febr. Di–Fr 9.30–17, Sa/So 9.30–19 Uhr
Außenanlage: tgl. 7–20 Uhr
Bus: 61, Telefèric

Über dem jäh zum Meer abfallenden Hang krönt die Festung mit sternförmiger Anlage den Montjuïc. Die erste **Befestigungsanlage** errichteten die Katalanen 1640 mit größter Hast in nur 30 Tagen. Hier besiegten sie die Truppen Philipps IV., mussten aber bereits 1652 die Festung an den spanischen Staat übergeben. 1694

Grüne Oasen am Montjuïc

Stille, blühende Gärten sowie großflächige Grünanlagen laden am Montjuïc zu erholsamer Rast abseits des städtischen Trubels ein. Oberhalb des Hafens erstrecken sich die TOP TIPP **Jardins Mossèn Costa i Llobera** (www.bcn.es/parcsijardins, tgl. 10 Uhr–Dämmerung), der artenreichste Tropengarten des Mittelmeerraums mit einem kleinen Teich. Weiter östlich, hinter dem Palau Nacional, liegen die **Jardins de Joan Maragall**, die jedoch nur am Wochenende und feiertags 10–18 Uhr die Pforten öffnen. Hinzu kommt südlich des Olympiastadions der weitläufige, für den olympischen Marathonrundkurs angelegte **Parc del Migdia** (tgl. 10 Uhr–Dämmerung).

wurde sie ausgebaut, 1706 von den Truppen der Bourbonen gesprengt und schließlich im 18. Jh. von diesen noch einmal erweitert. Seit 1962 ist die Anlage wieder im Besitz der Stadt, die sie renoviert und in das **Museu Militar** umgewandelt hat, das aus verschiedenen städtischen Sammlungen sowie Beständen des spanischen Heeres zusammengestellt wurde. Gezeigt werden Relikte aus der spanischen Geschichte, darunter das Schwert des Cid, verschiedenste *Waffen*, moderne wie historische *Uniformen*. Sehenswert sind vor allem die reich verzierten arabischen Waffen. Eine *Ahnengalerie* der Grafen und Könige Barcelonas führt die Dynastie bis auf Karl den Großen zurück. Im *Untergeschoss* sind Modelle verschiedener spanischer Burganlagen zu sehen, maßstabsgetreue Zinnsoldatenheere, in denen sogar Soldaten auf Fahrrädern zu finden sind, und einige Fundstücke zur Geschichte des Montjuïc.

72 Poble Espanyol

Ein Querschnitt aller Haustypen des Landes im Maßstab 1 : 2.

Avinguda del Marquès de Comillas
www.poble-espanyol.com
Mo 9–20, Di–Do 9–2, Fr 9–4, Sa 9–5, So 9–24 Uhr
Metro L1, L3: Espanya

Durch eines der gewaltigen Stadttore von Avila betritt man das Spanische Dorf. Genau wie die beiden mächtigen Rundtürme, die dieses Tor flankieren, besteht das gesamte Dorf aus originalgetreuen Nachbildungen im Maßstab 1:2. Versammelt sind besonders charakteristische Häuser, Plätze und Straßen aus allen Regionen Spaniens. In den Gebäuden sind zudem einige interessante Handwerksbetriebe, viele Souvenirläden, Restaurants, Bars, Cafés sowie eine Bank untergebracht.

Stimmungsvolles Klein-Spanien: Das schon tagsüber viel besuchte Freilichtmuseum Poble Espanyol ist auch charmanter Treffpunkt für Nachtschwärmer

Mit am lebendigsten ist das **andalusische Viertel** gelungen: eine verwinkelte Gasse zwischen blendend weiß getünchten Mauern, Blumenkästen mit Geranien und ein kleiner stiller Platz mit einer Mariensäule (Plaza de la Hermandad, Córdoba). Hier in der Nähe ist die **Glashütte**, in der die spanische Kunst des Glasblasens vorgeführt wird. Auch dieses historische Dorf der Weltausstellung von 1929 blieb von dem Erneuerungseifer Barcelonas im Olympiafieber nicht verschont. Seine Gründungsväter *Miquel Utrillo* und *Xavier Nogués* hätten sich sicherlich nicht träumen lassen, dass 60 Jahre später in den ›Türmen von Avila‹ von den Stardesignern Mariscal und Arribas eine topmoderne **Nachtbar** eingerichtet werden würde.

73 Pavelló Mies van der Rohe

Wallfahrtsort für Architekturstudenten aus aller Welt.

Avinguda del Marquès de Comillas
Tel. 934 23 40 16
www.miesbcn.com
tgl. 10–20 Uhr
Metro L1, L3: Espanya

Anlässlich des 100. Geburtstags von *Ludwig Mies van der Rohe* (1886–1969) wurde der deutsche Pavillon, den er für die Weltausstellung 1929 gebaut hatte, rekonstruiert. Der letzte Direktor des Bauhauses entwarf das einzige moderne Ge-

Oben: *Nachbau eines architektonischen Schmuckstücks: Pavelló Mies van der Rohe, den der deutsche Bauhaus-Künstler für die Weltausstellung 1929 errichtet hatte*
Unten: *In konzentrierter Versunkenheit: Bronzefigur einer tanzenden Frau von Georg Kolbe im Pavelló Mies van der Rohe*

bäude des gesamten Geländes und fiel damit deutlich aus dem allgemein prunkvollen, historisierenden Rahmen. Zu seiner Zeit kaum beachtet, gilt der deutsche Pavillon heute als eines der Meisterwerke der Architektur des 20. Jh. Aus schlanken Stützen, Glas und dünnen Wandscheiben komponierte der Architekt einen klarlinigen, noblen **Bau** und legte davor ein rechtwinkliges Wasserbecken an. Ein Kunstgriff, der die ephemere Schwerelosigkeit dieses lockeren Gebildes noch unterstreicht. Es gibt keinen fest definierten Raum, Innen und Außen gehen fließend ineinander über. Im hinteren, kleinen Wasserbecken steht eine *Bronzefigur* von Georg Kolbe, eine nackte Frau mit tänzerisch erhobenen Armen, ganz in sich versunken und dennoch raffinierter Bezugspunkt in dem schwebenden Raumgefüge. Die *Onyxwand* im Inneren verleiht dem Pavillon einen Hauch von Kostbarkeit. Der *Barcelona-Stuhl*, der bedeutendste Möbelentwurf Mies van der Rohes in den späten 1920er-Jahren war hier 1929 ausgestellt. 1983–86 restaurierten die Architekten Ignasi de Solà-Morales, Cristian Cirici und Fernando Ramos den Pavillon, sodass man heute die Originalität Mies van der Rohes am Bau erfahren kann.

Attraktion und Clownerie: Nicht nur die berühmte Skulptur ›Dona i Ocell‹ belebt den Parc de Joan Miró mit kräftiger Farbigkeit

74 Parc de Joan Miró

Umstrittene Platzanlage unter der wohlwollenden Obhut von Mirós ›Frau und Vogel‹.

(Parc de l'Escorxador)
Carrer de Tarragona – Carrer d'Aragó
Metro L3: Tarragona

Der **Parc de Joan Miró** gehört zu den ersten neu gestalteten Stadträumen in dem Projekt ›Neue Plätze und Parks‹ [s. S. 65]. Auf dem 6 ha großen Gelände standen vorher die Hauptschlachthöfe (katalan.: Escorxador) der Stadt. Der Platz liegt inmitten der rasterförmigen Bebauung der Eixample [s. S. 75]. Die Anwohner wünschten sich einen lockeren englischen Park und liefen Sturm gegen den Entwurf der Architekten Solanas, Quintana, Galí und Arriola, der Bezug nimmt auf den gepflasterten öffentlichen Platz, wie er im mediterranen Raum üblich ist.

Wahrzeichen des Platzes ist Mirós bunte, von Keramikbruchstücken überzogene **Skulptur** ›Dona i Ocell‹ (Frau mit Vogel), deren schlanke Höhe sich heiter und gar nicht monumental in dem umgebenden Wasserbecken widerspiegelt. Der Platz nimmt spielerisch Bezug auf die strengen Achsen der Umgebung.

Durch ein weiteres Wasserbecken vom übrigen Parkgelände abgegrenzt und nur über eine Brücke zugänglich, ist der niedrige Bau der **Miró-Bibliothek** (Carrer de Vilamarí, Tel. 934 43 94 92, Di–Fr 10–14 und 15–18, Sa 10–14 Uhr), die auf das Werk von Miró sowie moderne und zeitgenössische Kunst spezialisiert ist. Insgesamt ist die Anlage ein eher traditioneller, von der Umgebung weitgehend abgeschlossener Park. Kurz vor seinem Tod 1983 vollendete Miró dreißig kleine Skulpturen in leuchtenden Farben, die im Park verstreut stehen.

75 Plaça dels Països Catalans

Ein minimalistisches Platzkunstwerk vor dem Hauptbahnhof.

Metro L3, L5: Sants Estació

Umstritten ist die **Gestaltung** des Vorplatzes von Sants, Barcelonas größtem und wichtigstem Bahnhof. Hier treffen die Nord-Süd-Linie der staatliche Bahngesellschaft RENFE und die städtische Metro zusammen. Die Gleise sind in un-

Futuristische Leuchttürme und eine stählerne Drachengestalt von Andrés Nagel sind die Wahrzeichen des Parc de l'Espanya Industrial

terirdische Tunnels verlegt, über denen ein weitläufiges, hochmodernes Bahnhofsgebäude mit zwei angrenzenden Parkhäusern errichtet wurde. Die Umgebung des Bahnhofs wird durch große Straßen, einige markante Hochhausbauten und niedrigere Häuser des alten Vorortes Sants bestimmt. Die geringe Tragfähigkeit der Stahlbetonkonstruktion über den tiefer gelegten Gleisfeldern erlaubte keine Bepflanzung, die Erde ist hier zubetoniert.

Die Architekten *Helio Piñón* und *Albert Viaplana* gestalteten den Bahnhofsvorplatz mit einer minimalistischen **Installation**. Zwei elegante Stahlkonstruktionen – leichte Baldachine auf filigranen Stützen, der eine hoch und statisch, der andere lang gestreckt und bewegt –, eine sich 85 m hinziehende, geschwungene Bankreihe aus schwarzem Granit, schräg gestellte Lichtmasten, zeitweise Wasser sprühende Edelstahlrohre und große Stahlkugeln sind zu einem lockeren Platzgefüge zusammengefasst. Auf diese Weise entstehen unregelmäßige offene Räume, in denen Licht und Schatten bei Tag und Nacht – dann noch betont durch die Flutlichtanlage – eine wichtige Rolle spielen.

76 Parc de l'Espanya Industrial

Spiel, Spaß und Kunst auf einem Areal – in diesem Park kann man mehr tun als nur Spazieren gehen.

Carrer de Watt 24–34,
Carrer de Sant Antoni
Metro L3: Tarragona

Mit dem Parc de l'Espanya Industrial schufen die Architekten Lluís Peña Ganchegui und Francesc Ruis 1985 den Gegenpol zu der nahe gelegenen abstrakten Plaça dels Països Catalans [Nr. 75]. Der bunte, vielgestaltige Park bietet verschiedenste Möglichkeiten der Freizeitgestaltung. Er ist ein bürgernaher Vergnügungspark, in dem man mehr als nur Spazieren gehen kann. Schon von weitem sieht man die verfremdeten *Leuchttürme*, die das ehemalige Fabrikareal mit 37 000 m^2 Fläche von der Umgebung abgrenzen. Der um ca. 5 m abgesenkte Park besitzt eine weitläufige *Wasserfläche*, auf der gerudert werden kann, einen riesigen stählernen *Drachen*, dessen Schwanz eine Rutschbahn verbirgt (von dem Bildhauer Andrés Nagel), Kaskaden und eine lang gezogene Treppenanlage.

Tibidabo und Umgebung – vergnügliche Parks und stille Oasen

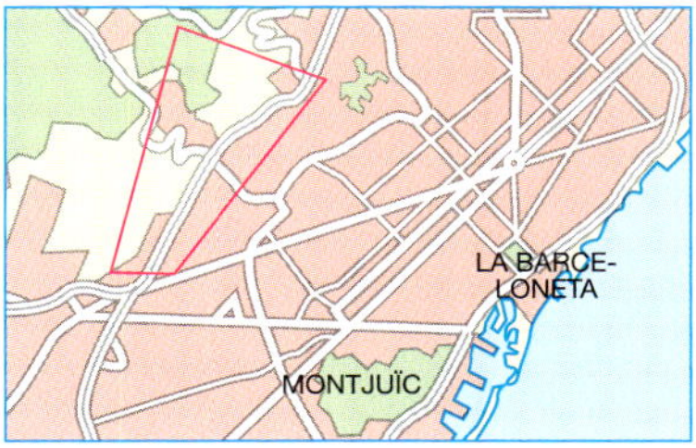

Der Tibidabo ist mit 512 m der höchste Punkt der **Collserola**, der Hügelkette, die die Stadt vor kalten Nordwinden schützt. Erklimmen lässt er sich entweder in der rumpelnden, wunderbar altmodischen ›Tramvia Blau‹, einer blauen Straßenbahn, die zwischen der Avinguda del Tibidabo und der Zahnradbahn ›Funicular‹ pendelt, oder mit dem Auto über eine kurvenreiche Straße durch Pinienwälder, vorbei an vielen Picknickplätzen. Der Name ›Tibidabo‹, ›**Dir werde ich geben**‹, stammt aus dem Volkslatein und spiegelt den unbändigen Stolz der aufstrebenden Industriestadt Ende des 19. Jh. wider. Hier soll der Teufel Jesus mit dem Versprechen versucht haben: »Dies alles werde ich dir geben, wenn du mir zu Füßen fällst und mir huldigst.« Wie es jedem Katalanen einleuchtet, bietet die Wüste von Palästina wahrlich nichts im Vergleich zu den Reichtümern Barcelonas. Wo sonst also sollte die Versuchung Jesu stattgefunden haben?

77 Tibidabo

Aussichtspunkt mit vielerlei Attraktionen.

Tibi Bus ab Plaça Catalunya; Tramvia Blau (Sa/So/Fei) und Funicular del Tibidabo

Gegen Ende des 19. Jh. wurde der Tibidabo von der Bevölkerung Barcelonas in Besitz genommen. Wahrzeichen dieses Berges ist ein *Vergnügungspark* unterhalb der Votivkirche **El Sagrat Cor**. Der Grundstein dieser massigen neugotischen Kirche wurde 1902 gelegt. Architekt war *Enric Sagnier*. Mit dem Lift gelangt man zu einer Plattform und über einige Treppen weiter hinauf zur riesigen *Christusstatue* auf dem mittleren Kirchturm. Von hier bietet sich ein weiter *Blick* über das Häusermeer Barcelonas. An klaren Tagen kann man sogar Montserrat, den ›Heiligen Berg‹, sehen.

Viel weiter noch reichen die Sender des 1992 erbauten, olympischen Fernsehturms **Torre de Collserola** (Carretera de Vallvidrera al Tibidabo, Tel. 932 11 79 42, www.torredecollserola.com, Mi–Sa 11–15 Uhr) unterhalb der Kirche. Das schlanke, 288 m hohe Gebilde – ein Wunderwerk der Technik – entwarf der britische Architekt *Sir Norman Foster*. In 115 m Höhe befindet sich eine Aussichtsplattform.

Der 1899 eröffnete **Parc d'Atraccions Tibidabo** (Plaça del Tibidabo, 3–4, Tel. 932 11 79 42, www.tibidabo.es, Juli–Mitte Sept. Mi–Fr 12–21, Sa/So 12–22 Uhr, Mitte Sept.–Dez., März–Juni Sa/So 12–18 Uhr, Jan./Febr. geschl.) ist der älteste Vergnügungspark Spaniens. Berühmt ist das 1928 installierte *rote Flugzeug*, das man früher zum vorbereitenden Training für Luftreisende empfahl. Außerdem gibt es Karussells, ein Riesenrad, eine Geisterbahn und einen Freifallturm, der für Sekunden die Schwerelosigkeit erleben lässt. Das *Museu d'Autòmates* erfreut besonders Techniknostalgiker. Hinter der leicht angestaubten Bezeichnung Automaten-Museum verbirgt sich eine wahre Wunderwelt aus mechanischen *Puppen* und *Spielzeug* des 19. Jh.: frühe Roboter, eine riesige Eisenbahn, ein bewegliches Puppentheater und ein Roulette aus dem Jahre 1918. Figuren in Glaskästen setzen sich hier auf Knopfdruck in Bewegung.

◁ *Dem Himmel nah: Im Riesenrad des Parc d'Atraccions auf dem Tibidabo liegt einem ganz Barcelona zu Füßen*

78 Parc de la Creueta del Coll

Spielen, Plantschen, Sonnenbaden im einstigen Steinbruch.

Haupteingang vom Passeig de la Mare de Déu del Coll 77
www.bcn.cat/parcsijardins
tgl. 10 Uhr bis zur Dämmerung
Metro L3: Penitens

MBM – Martorell–Bohigas–Mackay, eines der bekanntesten Architekturbüros in Barcelona – zeichnet für diesen 16 ha großen Landschaftspark in einem dicht bebauten Vorortgebiet verantwortlich. Das Gelände zwischen Tibidabo [Nr. 77] und Parc Güell [Nr. 65] war Ödland, ein verkarsteter Hügel mit einem steil abfallenden leeren Krater, wo sich ein Steinbruch in den Berg gefressen hatte. Die Wände des Steinbruchs fassen heute einen **Teich**, über dem eine riesige, von vier Stahlseilen gehaltene Betonkralle schwebt, eine **Skulptur** des Bildhauers *Eduardo Chillida*. Vor dieser ›Tarantel‹-Schlucht liegt etwas tiefer ein **See**, in man baden und rudern kann. Ein *Wasserfall* verbindet beide miteinander. Zum Sonnenbaden lädt die von Palmen bestandene Halbinsel ein. Künstlerischer Akzent des Vorplatzes ist eine **Stahlstele** von *Ellsworth Kelly*.

79 Parc del Laberint

Landschaftliche Gestaltung eines Gedichts und ein beschauliches Labyrinth.

Passeig de la Vall d'Hebron
Tel. 934 28 25 00
http://www.bcn.es/parcsijardins
tgl. 10 Uhr bis zur Dämmerung
Metro L3: Mundet

Die kleine Grünanlage neben dem Radrennstadion gehört zu den reizvollsten und im wahrsten Sinne des Wortes lyrischsten Anlagen der Stadt. Aufgabenstellung war, den Zwickel zwischen dem Oval des Radrennstadions und dem Weg, der hinauf in den Parc del Laberint führt, zu gestalten. Der Dichter *Joan Brossa* versuchte hier, ein Gedicht aus den Buchseiten zu befreien und es in der Landschaft zu visualisieren. Ein gewaltiges, aufrecht auf einem quadratischen Platz stehendes A bezeichnet den Anfang eines rot gesandeten, geschwungenen Weges. Links und rechts davon sind im Rasen Interpunktionszeichen verstreut. Zunächst von hohen Zypressen dem Blick verborgen, endet der Weg auf einem zweiten, kleineren Platz. Das riesige A findet sich dort wieder, doch nun in Stücke geborsten, die am Boden liegen.

TOP TIPP Naturfreunde, die in dieser Gegend sind, besuchen auch den **Parc del Laberint** am Hügel über dem Radrennstadion. Er wurde im 18. Jh. angelegt

Verirren leicht gemacht: Im Parc del Laberint ist ein guter Orientierungssinn gefragt

und bot dem katalanischen Adel Kurzweil und Mußestunden im Schatten. Heute steht er jedem offen, der den relativ weiten Weg von der nächsten Metrostation auf sich nimmt. Den Eintretenden empfängt, halb verborgen hinter einem Gemäuer, ein romantisches *Lustschlösschen* – eine Art Maurenburg über oktogonalem Grundriss, bekrönt von zierlichen Zinnen. Hinter dem Schlösschen liegt links ein verträumter *Park*. Geradeaus führt der ansteigende Weg hinauf in den weiten französischen Park mit Tempelchen, Bächen, Wasserbecken und dem 1792 angelegten **Labyrinth** aus hohen Thujen. In seiner Mitte wartet die Jägerin Diana zusammen mit dem bogenbewaffneten Amor auf vergnügtes, Versteck spielendes Publikum. Hüterin des Parks ist eine *Quellnymphe*. Sie ruht am Ende der Anlage in einer offenen Grotte und bewacht die Wasser ihres Reiches.

80 CosmoCaixa

Das Wissenschaftsmuseum nimmt den Besucher mit auf eine Reise durch die Geschichte der Erde

Carrer Teodor Roviralta 47–51
Tel. 932 12 60 50
www.cosmocaixa.com
Di–So 10–20 Uhr
Bus: 17, 60, 73, 123, 124, 196

Nahe der Avinguda del Tibidabo, einen kurzen Spaziergang von der gleichnamigen Bahnstation entfernt, vorbei an schönen alten Villen und großen Gärten, steht das Wissenschaftsmuseum CosmoCaixa. Ein leuchtend roter, moderner Backsteinbau empfängt den Besucher und leitet ihn weiter in ein lang gestrecktes, vielgiebeliges **Gebäude** mit raffinierten arabisierenden Fensterbögen und modernistischen Fliesenmotiven. Die Architekten *Garcés* und *Sòria* vereinten hier meisterhaft Moderne und Modernisme. Architekt des historischen Baus, der um 1900 entstand, war *Josep Domènech i Estapà*.

Die Dauerausstellung des Museums befindet sich in modernen Anbauten hinter dem Altbau. Ein erster Höhepunkt ist *El Mur Geològic*, eine aus sieben gewaltigen ›Steinscheiben‹ bestehende Geologische Wand. An ihr wird die Wirkung des Kontinentaldrifts oder der Kraft des Wassers auf die Erde deutlich. Ähnlich faszinierend ist auch *El Bosc Inundat* (der überschwemmte Wald), eine originalgetreue Nachbildung des Urwalds

Architektur der Zurückhaltung und Strenge: Antoni Gaudís Col.legi de les Teresianes

in Amazonien auf etwa 1000 m². Tiere und Pflanzen leben hier fast wie in ihrer tropischen Heimat und können hautnah betrachtet werden.

Zu diesen Aufsehen erregenden Installationen kommen viele Ausstellungsstücke, die zum Mitmachen einladen. Besonders für Kinder ist dies reizvoll, sie werden zur Erforschung von Erde und Weltraum eingeladen. Wer auf spielerische Art und Weise mehr über Evolution, Photosynthese oder die DNA von Pflanze und Mensch erfahren will, ist hier richtig.

81 Col.legi de les Teresianes

Frauenkloster in asketisch schlichtem Bau.

Carrer Ganduxer / Carrer d'Alacant
Tel. 932 12 33 54
www.teresianasganduxer.com
Bus: 14, 70, 72

Antoni Gaudí baute das Ordenshaus der Theresianerinnen 1889/90, etwa gleichzeitig mit dem Palau Güell an den Rambles [s. S. 46]. Die Mittel waren knapp bemessen, die **Bauaufgabe** war eine vollkommen andere. Nicht Repräsentation in prunkvollem Rahmen wurde angestrebt, sondern Schlichtheit und Beschränkung auf das Notwendigste. Dennoch ist das Ergebnis gleichermaßen brillant, eng verwandt mit Gaudís Bischofspalast in Astorga.

Ist man Gaudís expressive Räume und skulpturale Bauformen gewohnt, überrascht er hier mit straffem, konstruktiven Rationalismus. Als er 1888 den Bau übernahm, stand das Gebäude bereits bis zum ersten Stock. Er entwickelte aus diesen Vorgaben einen strengen, gotisierenden Kubus, der von Zinnen bekrönt ist. Die *Gebäudeecken* sind betont durch Gaudís charakteristische vierarmige Kreuze auf spitzen Turmhelmen. Gleichförmige Reihen hoher schmaler Fenster und horizontale Backsteinblenden rhythmisieren die flächigen, klaren *Natursteinfassaden*. Das Ordenswappen markiert die Vorbauten und die oberen Gebäudeecken. Signet des Kollegs ist der *Parabolbogen* des Eingangs mit dem kunstvollen Schmiedeeisengitter. Diese Portalform wird im Inneren des Hauses in den Gewölben der langen Gänge fortgeführt, die zu den schönsten von Gaudí entworfenen Räumen gehören.

82 Finca Güell

TOP TIPP *Maurische Pavillons in einem großen gepflegten Garten.*

Avinguda de Pedralbes 7
Bus: 7, 33, 63, 74, 78, 113

Das Landgut, das der Industrielle *Graf Eusebi Güell* 1883 bei dem Dorf Les Corts de Sarrià, nördlich von Barcelona, erworben hatte, wird heute von der Avinguda Pedralbes durchschnitten und ist Teil des neuen Universitätsviertels. Die Restaurierung der Villa sowie der Neubau des Pförtnerhauses, der Pferdestallungen samt Reithalle und die Einfriedung des Grundstücks war 1884 der erste Auftrag Güells für den jungen Architekten *Antoni Gaudí*.

Bestes katalanisches Kunsthandwerk zeigt das berühmte **Drachentor**, der Haupteingang zu dem Anwesen. Es besteht aus einem 5 m breiten, schmiedeeisernen Torflügel, dem ein 10 m hoher Pfosten als Gegengewicht dient. Die jugendstilartige *Bekrönung* dieses Pfostens mit ihren kugeligen Früchten ist eine Anspielung auf den Garten der Hesperiden, bewacht von einem schrecklichen fauchenden Drachen. Beim Öffnen der Tür hebt dieser allerdings brav die Tatze.

Pförtnerhaus und **Reithalle** sind kubische Backsteingebäude mit Kuppel und Laterne. Unübersehbar ist Gaudís Interesse für die Kunst der Mudéjares, den Baustil der Mauren, die getauft im christlichen Spanien lebten. Keramikbruchstücke und Backsteinblenden überziehen die Gebäude mit lebhaftem geometrischen Dekor. Bemerkenswert ist auch die erstmalige Verwendung von Parabolbögen und -gewölben, die später ein Charakteristikum von Gaudís Architektur wurden. Seit 1956 ist die Finca Sitz der **Reial Càtedra Gaudí** (www.upc.edu/catedragaudi), des Gaudí-Lehrstuhls an der Fakultät für Architektur in Barcelona.

83 Palau Reial de Pedralbes

Bürgerpalast in herrlichem Park.

Avinguda Diagonal 686
Metro L3: Palau Reial

Die Bezeichnung Königspalast ist irreführend, denn das Gebäude ist noch keine 100 Jahre alt und aus der Erweiterung eines Landsitzes der Familie Güell hervorgegangen. Vermögende Geschäftsleute Barcelonas hatten das ursprüngliche Gebäude 1925 umbauen lassen und es Alfonso XIII. bei einem Besuch der Stadt als Geschenk übergeben. Mehr weitläufige Villa als Palast, steht das hellgelbe **Gebäude** mit ausschwingenden Flügeln, die ein Wasserbecken umschließen, inmitten eines englischen Parks. Die Repräsentationsräume sind zum Teil sehr schön möbliert. Mit Ausnahme der hier untergebrachten Museen ist der Palast jedoch nicht öffentlich zugänglich. Die Sammlung des **Museu de Ceràmica** (Tel. 932 80 16 21, www.museuceramica.bcn.es, Di–Sa 10–18, So 10–15 Uhr) besticht durch die Vielfalt ihrer Objekte von der Frühgeschichte Barcelonas bis zu zeitgenössischer Keramik. Das **Museu de les Arts Decoratives** (Tel. 932 80 16 21, www.museuartsdecoratives.bcn.es, Di–Sa 10–18, So 10–15 Uhr) bietet eine Sammlung von Dekorationsgegenständen – Möbel, Uhren, Glas – vom Mittelalter bis in unsere Tage. Besonders interessant ist die Industriedesign-Sammlung (1930–90).

Wunderschön zum Spazierengehen oder Lesen eignet sich der **Park** von *Nicolau Maria Rubió i Tudurí* mit Marmorfiguren, alten Bäumen, kleinen Brunnen und Quellen.

Beim Entwurf für die Neubauten der Finca Güell ließ sich Antoni Gaudí von seiner Begeisterung für die Baukunst der Mauren leiten

84 Monestir de Pedralbes

Königliches Kloster und Grablege – eine Oase am Rande der Großstadt.

Baixada de Monestir 9
Tel. 932 56 34 34
www.museuhistoria.bcn.es
Juni–Sept. Di–Sa 10–17, So 10–15 Uhr, Okt.–Mai Di–Sa 10–14, So 10–15 Uhr
FGC L6: Reina Elisenda

Ein Wegkreuz am Ende der Avinguda de Pedralbes kündigt das Kloster schon von Weitem an. 1326 gründete Königin Elisenda de Montcada, vierte und letzte Gemahlin von König Jaume II. von Aragon, dieses Kloster und übergab es dem Klarissinnenorden. 1969 zogen die Schwestern in einen Neubau um, das alte Kloster wurde von der Stadt übernommen und restauriert. Es ist seit 1983 teilweise für die Öffentlichkeit zugänglich.

Die **Klosterkirche** ist ein typisches und dank der kurzen Bauzeit ein sehr stilreines Beispiel der katalanischen Gotik, eng verwandt mit der Kirche Santa Maria del Pi [s. S. 44]. Die *Seitenfassade* gewinnt aus der Spannung zwischen schlichten horizontalen Gesimsbändern und dem aufragenden Oktogon des kräftigen Turmes eine geometrische Harmonie, die Le Corbusier begeisterte. Über dem Portal ist das immer wieder anzutreffende *Wappen* der Klostergründerin eingemeißelt. Durch *Glasfenster* aus dem 14. Jh. – dunkel, doch in kräftigen Farben – fällt gedämpftes Licht in den weiten, einschiffigen *Innenraum*. Die Gewölbe mit den großen Schlusssteinen sind weit heruntergezogen, ein Querhaus gibt es nicht. In dem farbig gefassten *Alabastersarkophag* (1364) rechts vom Altar ruht Elisenda de Montcada, auf der Tumba ihre Liegefigur. In den Kapellen an der Kirchenwand gibt es einige *Aristokratengräber*, zum Teil mit schönen Figuren, doch abgesehen davon fehlt die ursprüngliche Ausstattung der Kirche.

Der **Kreuzgang** des Klosters ist ungewöhnlich groß und ausgewogen. Zweigeschossige Arkadengalerien mit einer Art Altane als Abschluss umgeben ihn an drei Seiten. An den schlanken Säulchen des Kreuzgangs kehrt das Wappen der Gründerin in den Palmettenkapitellen wieder. Die erste *Kapelle* rechts im Kreuzgang ist dem hl. Michael geweiht, als Seelenwäger erscheint er an der rechten Wand. Berühmt sind hier die *Fresken* (ab 1346), die Ferrer Bassa zugeschriebenen werden. Offensichtlich hatte der Künstler Italien bereist, denn seine Landschaftsräume und Heiligen, gekleidet in großflächige, voluminöse Gewänder, zeugen deutlich von seiner Kenntnis Giottos und der zeitgenössischen Malerei Sienas. Dargestellt sind Szenen aus dem Leben Jesu, an denen besonders die Liebe zum drastischen Detail und die Lebendigkeit in den Gesichtern und Gesten der Figuren auffällt.

Barcelona aktuell A bis Z

Vor Reiseantritt

ADAC Info-Service:
Tel. 018 05/10 11 12, Fax 018 05/30 29 28 (0,14 €/Min.)

ADAC im Internet:
www.adac.de
www.adac.de/reisefuehrer

Barcelona im Internet:
www.bcn.es
www.barcelonaturisme.com

Informationen bietet das **Spanische Fremdenverkehrsamt**, www.spain.info

Deutschland

Kurfürstendamm 63, 10707 Berlin, Tel. 030/882 65 43, Fax 030/882 66 61, berlin@tourspain.es

Grafenberger Allee 100, 40237 Düsseldorf, Tel. 02 11/680 39 81, Fax 02 11/680 39 85, dusseldorf@tourspain.es

Myliusstraße 14, 60323 Frankfurt/Main, Tel. 069/72 50 33, Fax 069/75 53 13, frankfurt@tourspain.es

Postfach 15 19 40, 80051 München, Tel. 089/53 07 46 11, Fax 089/53 07 46 20, munich@tourspain.es

Prospektbestellung in Deutschland: Tel. 061 23/991 34

Österreich

Walfischgasse 8, 1010 Wien, Tel. 01/512 95 80, Fax 01/512 95 81, viena@tourspain.es

Schweiz

Seefeldstraße 19, 8008 Zürich, Tel. 04 42 53 60 50, Fax 04 42 52 62 04, zurich@tourspain.es

Allgemeine Informationen

Reisedokumente

Für Deutsche, Österreicher und Schweizer genügt ein gültiger **Personalausweis** oder **Reisepass**, bei Kindern unter 16 Jahren der Kinderausweis oder ein Eintrag im Elternausweis.

Kfz-Papiere

Führerschein, Zulassungsbescheinigung Teil 1 (vormals Fahrzeugschein) und Internationale Grüne Versicherungskarte. Zusätzlich wird eine Vollkasko- und Insassenunfallversicherung empfohlen.

Krankenversicherung

Die **Europäische Krankenersicherungskarte** ist seit 1. Januar 2006 in die normale Versicherungskarte integriert und garantiert die medizinische Versorgung in allen EU-Ländern. Es ist ratsam, zusätzlich eine *Reisekranken- und Rückholversicherung* abzuschließen.

Hund und Katze

Im EU-Heimtierausweis müssen die Kennzeichnung des Tieres (Mikrochip oder Tätowierung) und eine gültige Tollwutimpfung (Erstimpfung mindestens 21 Tage vor Grenzübertritt) eingetragen sein. Bis zum Jahr 2011 gelten Übergangsregelungen. Hunde, die als potenziell gefährlich eingestuft werden, müssen mit Maulkorb an der Leine geführt werden.

Zollbestimmungen

Innerhalb der **EU** dürfen Waren zum eigenen Verbrauch unbegrenzt mitgeführt werden. Als Privatbedarf gelten folgende Richtmengen: 800 Zigaretten, 400 Zigarillos, 200 Zigarren, 1 kg Rauchtabak, 10 l Spirituosen, 20 l Zwischenerzeugnisse, 90 l Wein (davon max. 60 l Schaumwein) und 110 l Bier.

Zollfrei bei Reisen von und durch **Drittländer** (Schweiz): 200 Zigaretten, 1 l Spirituosen über 22 % oder 2 l unter 22 % alc.,

◁ *Barcelonas reiche Vielfalt: Antiquitätenshopping am Passeig de Gràcia oder feuriges Bühnenerlebnis beim Flamenco-Festival* **(oben)**, *köstlicher Gaumenschmaus mit Paella und fröhliches Nachtschwärmen in der Designerbar Velvet* **(Mitte)**, *Freiluftcafé an der Moll de la Fusta oder traditionelle Geselligkeit beim Weinfest in Sitges* **(unten)**

50 ml Parfüm, 250 ml Eau de Toilette, 500 g Kaffee und 100 g Tee.

Geld

Die gängigen *Kreditkarten* werden in Banken, Hotels und vielen Geschäften akzeptiert. An *EC-Geldautomaten* (Maestro) kann man rund um die Uhr Geld abheben.

Tourismusämter

Officina de Información Turística de la Generalitat de Catalunya, Passeig de Gràcia 107, Tel. 932 38 80 91, Fax 932 38 40 10, www.catalunyaturisme.com

Turisme de Barcelona, Tel. 932 85 38 34, Fax 932 85 38 31. Büros u. a.: Plaça de Catalunya 17, Plaça de St. Jaume I, Estació Central Sants. Hier kann man u. a. die 2–5 Tage gültige **Barcelona Card** kaufen. Sie berechtigt zu freier Nutzung der öffentlichen Verkehrsmittel und bietet Vergünstigungen, etwa beim Eintritt in Museen und Theater oder Preisnachlässe in Restaurants, Geschäften oder Parkhäusern.

Notrufnummern

Einheitlicher Notruf (*Urgencias*): Tel. 112 (EU-weit, auch mobil: Polizei, Feuerwehr, Unfallrettung)

Pannenhilfe RACE (*Real Automóvil Club de España*), Tel. 915 93 33 33 (kostenpflichtige Hilfe)

ADAC-Notrufstation Barcelona:
Tel. 935 08 28 28 (ganzjährig)

ADAC-Notrufzentrale München:
Tel. 00 49/89/22 22 22 (rund um die Uhr)

ADAC-Ambulanzdienst München:
Tel. 00 49/89/76 76 76 (rund um die Uhr)

Österreichischer Automobil Motorrad und Touring Club
ÖAMTC Schutzbrief Nothilfe:
Tel. 00 43/(0)1/251 20 00

Touring Club Schweiz
TCS Zentrale Hilfsstelle:
Tel. 00 41/(0)2 24 17 22 20

Ein polizeiliches Protokoll ist für die Schadensregulierung bei Unfällen unbedingt notwendig und bei **Personenschäden** unerlässlich. Wer kein Spanisch spricht, sollte auf einen Dolmetscher bestehen und sich mit dem Konsulat in Verbindung setzen.

Diplomatische Vertretungen

Deutsches Konsulat, Passeig de Gràcia 111 (Metro L3, L5: Diagonal), Tel. 932 92 10 00, Fax 932 92 10 02, www.barcelona.diplo.de

Österreichisches Konsulat, Carrer de Maria Cubí 7 (Metro L3, L5: Diagonal), Tel. 933 68 60 03, Fax 934 15 16 25, www.bmaa.gv.at

Schweizer Konsulat, Gran Via de Carlos III 94 (Metro L3: Maria Cristina), Tel. 934 09 06 50, Fax 934 90 65 98, www.eda.admin.ch/barcelona

Gesundheit

Ärztlicher Notdienst: Information der *Securidad Social*, Tel. 061

Zahnärztlicher Notdienst:
Amesa, Gran Via de les Corts Catalanes 680, (Metro L2, L3, L4: Passeig de Gràcia; L1, L4: Urquinaona), Tel. 933 02 66 82, Mo–Fr 9–13 und 15–18 Uhr

Besondere Verkehrsbestimmungen

Tempolimits (in km/h): Innerhalb geschlossener Ortschaften gilt allgemein 50. Pkw und Motorräder dürfen außerorts 90, Wohnmobile bis 3,5 t 70 und PKW mit Anhänger 70 fahren. Analog gelten auf Schnellstraßen und Straßen mit mehr als einer Fahrspur in jeder Richtung 100/80/80, auf Autobahnen 120/90/80.

Die **Promillegrenze** liegt bei 0,5.

Überholverbot besteht 100 m vor Kuppen sowie auf Straßen, die nicht mindestens 200 m zu überblicken sind.

Telefonieren ist während der Fahrt nur mit Freisprecheinrichtung erlaubt.

Abschleppen durch Privatfahrzeuge ist verboten. Jede Person, die im Falle einer Panne oder eines Unfalls auf offener Straße den Wagen verlässt, muss eine reflektierende **Warnweste** tragen.

Gelbe Linien am Fahrbahnrand bedeuten **Parkverbot**, blaue Linien zeitlich begrenzte Parkerlaubnis.

Anreise

Auto

Umfangreiches **Informations-** und **Kartenmaterial** können Mitglieder des ADAC in Deutschland kostenlos bei den Geschäftsstellen oder unter Tel. 018 05/10 11 12 (0,14 €/Min.) bestellen.

Barcelona ist über die französischen **Autobahnen** Lyon–Orange (A7/E15) und Orange–Perpignan (A 9/E15) sowie die spanische A 7/E15 über Girona zu erreichen (Autobahnen gebührenpflichtig).

Die Versorgung mit bleifreiem **Benzin** (*Sin Plomo* bzw. *Euro Super*) ist flächendeckend. Autobahntankstellen akzeptieren Kreditkarten und sind durchgehend geöffnet, die übrigen bis ca. 20 Uhr. Zentral gelegene Tankstellen findet man in Barcelona in der Avinguda Paral.lel (zwischen Hafen und Plaça Espanya).

Bahn

Auskunft der Spanischen Eisenbahnen RENFE: Tel. 902 24 02 02, www.renfe.es

Bahnhöfe in Barcelona: Die meisten nationalen und internationalen Züge fahren den Hauptbahnhof *Estació Central Barcelona Sants* an, seit Frühjahr 2008 auch der Hochgeschwindigkeitszug (AVE) zwischen Madrid und Barcelona. An der *Estació de França* bestehen u. a. Verbindungen nach Paris, Zürich, Bern und Genf. Zwei kleinere unterirdische Bahnhöfe liegen am *Passeig de Gràcia* und der *Plaça Catalunya*. Noch im Bau befindet sich die *Estació Sagrera* im Norden der Stadt.

Bus

Linienbusverbindungen bestehen ab der Schweiz und Deutschland. Zentrale Reservierungsstelle:

Deutsche Touring,
Am Römerhof 17, 60486 Frankfurt,
Tel. 069/790 35 01, www.touring.de

Die meisten internationalen Busse halten am Busbahnhof **Estació d'Autobusos de Sants** (Metro L3: Sants-Estació), Tel. 934 90 40 00.

Die meisten innerspanischen Linien sowie einige internationale Busunternehmen fahren den Busbahnhof am ehem. Bahnhof Estació de Nord an:

Estació d'Autobusos de Barcelona Nord, Ali Bei 80 (Metro L1: Arc de Triomf), Tel. 902 26 06 06.

Flugzeug

Der Flughafen **El Prat** (BNC) liegt 13 km südlich vom Stadtzentrum entfernt. Ins Zentrum fahren zahlreiche Taxen, empfehlenswert sind der preiswerte Flughafenzug R10 und der moderne, behindertengerechte Aerobus.

Allgemeine Information Flughafen El Prat: Tel. 902 40 47 04, www.aena.es

Bank, Post, Telefon

Bank

Die **Banken** *(banco/banc)* sind in der Regel im Stadtzentrum Mo–Fr 9–14, Sa 9–13 Uhr geöffnet, die Hauptfilialen auch nachmittags bis ca. 16.30 Uhr. Juni–Sept. bleiben mit einigen wenigen Ausnahmen die Geldinstitute samstags geschlossen.

Post

Die **Postämter** *(correos/correu)* sind Mo–Fr 9–14, Sa 9–13 Uhr geöffnet, das Hauptpostamt, Plaça Antoni López (Metro L4: Barceloneta) Mo–Fr 9–21, Sa 9–14 Uhr. **Briefmarken** *(sellos/segells)* erhält man auch in Tabakgeschäften *(tabacos/estancos)*.

Telefon

Internationale Vorwahlen:
Spanien 00 34
Deutschland 00 49
Österreich 00 43
Schweiz 00 41

Die Ortsnetzkennzahlen (z. B. 93 für Barcelona) sind fester Bestandteil der Telefonnummern und werden immer mitgewählt.

Telefonapparate funktionieren mit Münzen, Kreditkarten oder mit **Telefonkarten** *(tarjetas de teléfono/targetes de telèfon)*, die man bei der Telefongesellschaft Telefónica oder in autorisierten Geschäften kaufen kann.

In ganz Spanien können handelsübliche **GSM-Mobiltelefone** aller deutschen Anbieter benutzt werden.

Einkaufen

Öffnungszeiten: Im Stadtzentrum meist Mo–Sa 10–13.30 und 17–20 Uhr, Kaufhäuser sind in der Regel durchgehend geöffnet. In den Randgebieten und Wohnvierteln schließen die Geschäfte am Samstagnachmittag. Konditoreien, Zeitungs- und Blumenhändler öffnen auch am Sonntagmorgen.

Quirlige **Einkaufsstraßen** mit preiswerter und frecher Mode liegen rund um die Markthallen des Zentrums sowie zwischen Rambles und Kathedrale. Die schönsten **Fußgängerzonen** sind Portaferrissa, Carrer Comtal und Carrer Petritxol.

Wer aufmerksam durch das **Barri Gòtic** spaziert, stößt auf alte Familienbetriebe, Krämerläden voll kurioser Gegenstände oder verstaubte Hut- und Posamentengeschäfte. Die beste Adresse für betuchte Einkäufer ist das Eixample-Geschäftsviertel mit den prachtvollen Boulevards **Passeig de Gràcia** und **Rambla de Catalunya**. Dort sind auch die Modemacher und viele der einschlägigen Designerläden zu finden. An der Avinguda Diagonal bieten Edel-Boutiquen ihren zahlungskräftigen Kunden internationale Mode an. **Souvenirgeschäfte** sind rund um die Rambles angesiedelt. Lebens- und Genussmittel kauft man in den reizvollen, wohl sortierten Feinkostlädchen oder in den großen Markthallen.

Antiquitäten

Barri Gòtic: Carrer de la Palla, Carrer Banys Nous, Baixada de Santa Eulàlia

Eixample: Carrer Rosselló, Còrsega, Enrique Granados, zwischen Rambla de Catalunya und Aribau

El Bulevard dels Antiquaris: Passeig de Gràcia 55–57, 1º (Metro L2, L3, L4: Passeig de Gràcia), Tel. 932 15 44 99, www.bulevarddelsantiquaris.com. Über 70 Antiquitätenhändler und Kunstgalerien in einer Ladenpassage.

Els Encants, Plaça de les Glòries Catalanes (Metro L1: Glòries), www.encantsbcn.com, Mo, Mi, Fr, Sa Flohmarkt am Rande der Stadt.

Feria de los Anticuarios: Antiquitätenmesse im März/April, meist in den Messehallen an der Plaça Espanya (Metro L1, L3: Espanya), www.antiquarisbcn.com

Mercat Gòtic de Antiguitats, Plaça Nova (Metro L3: Liceu), Do 9–20 Uhr. Antiquitätenmarkt unter freiem Himmel (nicht im Dez. und Aug.).

Bücher

Alibri, Balmes 26 (Metro L1, L2: Universitat), Tel. 933 17 05 78. Deutsche Buchhandlung in Universitätsnähe.

Altaïr, Gran Via 616 (Metro L2, L3, L4: Passeig de Gràcia), Tel. 933 42 71 71. Bestsortierte Reisebuchhandlung der Stadt mit spezieller Nautik-Abteilung.

Happy Books, Av. Portal de l'Àngel 5 (Metro L1, L3: Catalunya), Tel. 934 87 95 71. Preiswerte Bücher in modernem Ambiente.

La Central del Raval, Elisabets 6 (Metro L1, L3: Catalunya), Tel. 933 17 02 93. Allroundbuchhandlung in einer einstigen Kirche von 1693.

Delikatessen

Colmado Quilez, Rambla de Catalunya 63 (Metro L2, L3, L4: Passeig de Gràcia), Tel. 932 15 87 85. Erfüllung ausgefallener kulinarischer Wünsche.

Escribà, Rambla 83 (Metro L3: Liceu), Tel. 933 01 60 27. Verlockende Kuchen, leichte Moussetorten und das schönste Jugendstil-Schaufenster der Stadt.

Fargas, Pi 16 (Metro L1, L3: Catalunya), Tel. 933 02 03 42. Kaffee, Schokoladen- und Pralinenspezialitäten. Schmuckstück des Ladens ist eine alte Kakaomühle.

TOP TIPP **J. Murrià Queviures**, Calle Roger de Llúria 85 (Metro L2, L3, L4: Passeig de Gràcia), Tel. 932 15 57 89. Edle Weine, feine Liköre und weitere Delikatessen.

Planelles-Donat, Cucurulla 9 und Portal de l'Angel 7 und 25 (Metro L1, L3: Catalunya), Tel. 933 01 70 96. Spezialität: Turrón Köstlichkeit aus Alicante aus Honig und Mandeln.

Design

Dos i Una, Rosselló 275 (Metro L3, L5: Diagonal), Tel. 932 17 70 32. Geschenkladen mit Barcelona-Motiven auf Tellern, T-Shirts und Schmuckstücken.

TOP TIPP **Vinçon**, Passeig de Gràcia 96 (Metro L3, L5: Diagonal), Tel. 932 15 60 50, www.vincon.com. Designer-Kaufhaus mit Objekten aus aller Welt. Stilvoll und entsprechend teuer.

Kopfschmuck, Hüte und Posamenten

TOP TIPP **Fábrica de Peines Ciutad**, Portal de l'Angel 14 (Metro L1, L3: Catalunya), Tel. 933 17 04 33. Bürsten, Kämme, Spangen, Bänder kurz: alles für Haupt und Haar.

Jover, Cardenal Casañas 14 (Metro L3: Liceu), Tel. 933 17 89 93. Eine wahre Fundgrube für Stylisten.

Barrets Obach, Call 2 (Metro L3: Liceu), Tel. 933 18 40 94. Alles vom Córdoba-Hut bis zur Baskenmütze.

Kosmetik/Parfüm

Regia, Passeig de Gràcia 39 (Metro L2, L3, L4: Passeig de Gràcia), Tel. 932 16 01 21.

Spanische Duftwasser von Puig oder Myrurgia und Parfümmarken aus aller Welt. Im Hinterzimmer: wertvolle Sammlung von Parfümgefäßen.

Kunsthandwerk

Einen privilegierten Platz haben einheimische Kunsthandwerker im **Poble Espanyol** [Nr. 72], wo Besucher Glasbläsern, Stoffdruckern und Teppichknüpfern über die Schulter schauen können. Katalanische **Keramikartikel**, etwa aus der der Ortschaft La Bisbal nördlich von Barcelona, gibt es in zahlreichen Geschäften zu kaufen.

La Caixa de Fang, Freneria 1, hinter der Kathedrale (Metro L4: Jaume I), Tel. 933 15 17 04. Keramikkunst aus Katalonien. Typische Schmortöpfe aus Ton, rustikale Holzbestecke.

La Manual Alpargatera, Avinyó 7 (Metro L3: Liceu), Tel. 933 01 01 72, www.lamanual.net. Katalanische Leinenschuhe mit Hanfsohle in allen Farben mit Verzierungen nach Wunsch des Kunden.

Molsa, Plaça Sant Josep Oriol I (Metro L3: Liceu), Tel. 933 02 31 03. Alte und neue Keramikartikel, Pappmaschee-Figuren.

Kuriositäten

Cereria Subirà, Baixada Llibreteria 7 (Metro L4: Jaume I), Tel. 933 15 26 06. Kerzengießerei aus dem Jahre 1761, Jugendstildekoration.

El Ingenio, Rauric 6–8 (Metro L3: Liceu), Tel. 933 01 00 95. Scherzartikel, Masken, Pappmaché-Figuren. Im Hinterzimmer werden Riesenköpfe und Giganten für die Volksfeste Barcelonas hergestellt.

El Rey de la Magia, Princesa 11 (Metro L4: Jaume I), Tel. 933 19 73 93. Utensilien und gute Ratschläge für Zauberkünstler und solche, die es werden wollen.

Gràfiques El Tinell, Freneria 1 (Metro L4: Jaume I), Tel. 933 15 07 58. Druckstöcke der katalanischen Handwerksinnungen aus dem 18. Jh., Postkarten, Exlibris, Lesezeichen, Briefpapier, Visitenkarten.

Mode

Adolfo Domínguez, Passeig de Gràcia 89 (Metro L3, L5: Diagonal), Tel. 932 15 13 39. Boutique des span. Modeschöpfers mit eleganter Damen- und Herrenmode.

Furest, Passeig de Gràcia 12–14 (Metro L2, L3, L4: Passeig de Gràcia; L1, L3: Catalunya), Tel. 933 01 20 00. Seit 1898 klassische Herrenkleidung.

Gonzalo Comella, Passeig de Gràcia 6 (Metro L2, L3, L4: Passeig de Gràcia), Tel. 934 12 66 00. Traditionelles Bekleidungsgeschäft für die ganze Familie, mit Modemarken aus aller Welt.

Groc, Rambla de Catalunya 100 (Metro L3, L5: Diagonal), Tel. 932 157 778. Herren- und Damenmode von Antoni Miró.

Josep Font, Provença 304 (Metro L3, L5: Diagonal), Tel. 934 87 21 10. Die modische Damenbekleidung offenbart eine Vorliebe für sanfte Farben, Naturfasern und bequeme Schnitte.

La Perla Gris, Rosselló 220 (Metro L3, L5: Diagonal), Tel. 932 15 29 91. Seit 1924 zarte Spitzen, verführerische Nachtgewänder und Bademoden.

Loewe, Passeig de Gràcia 35 (Metro L2, L3, L4: Passeig de Gràcia), Tel. 932 16 04 00. Elegante Handtaschen, Lederjacken und andere Accessoires.

Lydia Delgado, Minerva 21 (Metro L3, L5: Diagonal), Tel. 934 15 99 98. Verspielte, romantische Mode für zierliche Frauen.

Sistem Action, Rambla de Catalunya 108 (Metro L3, L5: Diagonal), Tel. 932 15 09 56. Junge, freche Mode.

Zara, Portal de l'Angel 24 (Metro L1, L3: Catalunya), Tel. 933 17 65 86. Erfolgreichster spanischer Prét-à-Porter-Hersteller mit Boutiquen in ganz Europa.

Im Maremàgnum (am Hafen), rund um Passeig de Gràcia, Rambla de Catalunya und Plaça Francesc Macià drängen sich in überdachten **Einkaufspassagen** winzige Boutiquen Tür an Tür. Die bekannteste Modepassage dieser Art ist der **Boulevard Rosa**, Passeig de Gràcia 51–55 (Metro L2, L3, L4: Passeig de Gràcia), www.bulevardrosa.com.

Musik

Casa Beethoven, Rambles 97 (Metro L3: Liceu), Tel. 933 01 48 26. Gesangbücher und Partituren. Bekannte Opernstars gehören zum Kundenstamm.

Castelló, Tallers 7 (Metro L1, L3: Catalunya), Tel. 934 12 17 69, www.discoscastello.es. Riesenauswahl an CDs und Schallplatten.

Schmuck

Baguès Joieria, Passeig de Gràcia 41 (Metro L2, L3, L4: Passeig de Gràcia), Tel. 932 16 01 73. Das erste Haus der Stadt für edle Geschmeide.

Joaquin Berao, Rambla de Catalunya 74 (Metro L1, L3: Catalunya), Tel. 932 15 00 91, www.joaquinberao.com. Einer der bekanntesten Schmuckdesigner Spaniens.

Schuhe

Die meisten Schuhgeschäfte sind in den Straßen Portal de l'Angel und Porta Ferrissa zu finden.

Menorca Pell, Plaça Gal.la Placídia 13–15 (FGC S1, S2, S5, S6, L7: Gràcia), Tel. 932 38 06 39. Kleine Boutique mit sportlichen Qualitätsschuhen aus Menorca.

Märkte

Jedes Stadtviertel besitzt einen eigenen Lebensmittelmarkt. Insgesamt gibt es in Barcelona mehr als 40 Markthallen. Die schönsten Märkte befinden sich im Zentrum der Stadt:

Mercat de Sant Antoni, Urgell-Borell/ Manso-Tamarit (Metro L2: Sant Antoni). Frischwaren Mo–Sa in der Markthalle. Textilien an den Tagen Mo, Mi, Fr und Sa, Büchermarkt am Sonntagvormittag rund um das Marktgebäude [Nr. 46].

Mercat de Sant Josep (Boqueria), Rambles 105 (Metro L3: Liceu), Mo–Sa. Die größte Auswahl an frischen Waren, von exotischen Früchten bis zu fangfrischen Meerestieren. Ein Erlebnis für alle Sinne [Nr. 19].

Essen und Trinken

Bars und Restaurants sind zu jeder Stunde gut besucht: Erstes und zweites Frühstück, Mittagsmahl, Nachmittagskaffee, Aperitif und Abendessen lassen Restaurantbesitzer, Küchenchefs und Kellner nie zur Ruhe kommen.

Essenszeiten heißt es jedoch einzuhalten: Bars, Caféterias und Tapa-Lokale öffnen bereits am frühen Vormittag. An den Restauranttisch setzt man sich aber nie vor 13 Uhr. Richtig lebhaft wird es in den Speiselokalen erst gegen 14 Uhr, wenn alle Büroangestellten in die lange Mittagspause gehen und die Geschäfte ihre Rollläden herunterlassen. Abends erscheint niemand vor 21 Uhr im Restaurant. Gekocht wird bis gegen 24 Uhr. Einige Lokale servieren auch nach Mitternacht noch ein warmes Mahl. Mit wenigen Ausnahmen haben Barcelonas Restaurants am Sonntag geschlossen.

Ein Mittag- oder Abendessen besteht üblicherweise aus drei Gängen: Vorspeise, Hauptgang und Dessert. Oft wird die Mehrwertsteuer (IVA) extra berechnet. Die Bedienung ist im Preis inbegriffen. Ein **Trinkgeld** von ca. 5 % wird erwartet. In den Nobelrestaurants ist eine **Reservierung** unbedingt zu empfehlen.

Kleine Boutiquen und große Modeschöpfer

Trotz ihres Hangs zur Individualität unterwerfen sich Spanier widerspruchslos dem Modediktat. Dies gilt auch für die dynamische Hauptstadt Kataloniens. Schnell haben Besucher in den Schaufenstern der Geschäfte die neueste Modefarbe, das Kleidungsstück der Saison und die vorgeschriebene Rocklänge registriert.

Wer das Besondere sucht, einfallsreiche Modemacher und originelle Kreationen aufspüren möchte, der muss schon etwas tiefer in die Millionenstadt eintauchen. Die Werkstätten und Verkaufsräume der Star-Designer sind in stillen Nebenstraßen der **Avinguda Diagonal** oder unauffälligen Bürgerwohnungen an der **Rambla de Catalunya** versteckt. Einen Überblick über die spanische und katalanische Modeszene bieten die zweimal jährlich stattfindenden Messen **Pasarela Gaudí**, auf denen katalanische Modemacher wie Antoni Miró, Josep Font und Lydia Delgado ihre neuesten Kreationen vorstellen.

Preiswerte Prêt-à-Porter-Modelle findet man in den über die ganze Stadt verteilten **Modepassagen**, in denen sich Tür an Tür winzige Boutiquen drängen, oder rund um den **Mercat de Sant Antoni**, wo die Marktverkäufer viermal wöchentlich ihre Kleiderstände aufbauen. Wer selbst mit Nadel und Faden umgehen kann, findet in Barcelonas Altstadt unzählige Stoff- und Posamentengeschäfte, deren Auswahl an Spitzen, Borten und Federboas das Herz jedes Hobby-Couturiers höher schlagen lässt.

Seit 01. Januar 2006 ist das **Rauchen** in Spanien in allen öffentlichen Räumen, in Restaurants, Bars und Diskotheken verboten. Gaststätten mit einer Fläche von über 100 m^2 dürfen aber streng abgetrennte Raucherzonen einrichten.

Kleines Gourmet-Lexikon

Vorspeisen, Salate, Soßen, Beilagen

Allioli: Knoblauchmayonnaise, wird zu Fisch- und Grillgerichten gereicht.

Amanida catalana: Gemischter Salat, dekoriert mit Spargel, Wurst und Käse.

Calçots: Lauchzwiebeln, auf dem Holzfeuer gegrillt (nur im Winter).

Escalivada: Kalte Vorspeise aus Auberginen, Tomaten, Paprika und Zwiebeln, auf dem Holzfeuer gegart und mit Olivenöl angerichtet.

Escudella i Carn d'Olla: Klare Suppe mit Nudel-, Reis-, Kartoffel-, Kohl-, Gemüseeinlage und Botifarra Negra (schwarze katalanische Wurst) als Vorspeise. Im Anschluss werden Gemüse, Schweine- und Rindfleisch serviert.

Esqueixada: Kalte Vorspeise mit Stockfischstückchen, Tomaten, Paprika, Zwiebeln und Oliven.

Espinacs a la catalana: Blattspinat mit Rosinen und Pinienkernen.

Faves a la catalana: Saubohneneintopf.

Pa amb Tomàquet: Geröstetes Bauernbrot, mit Tomate eingerieben. Wird als Beilage gereicht oder ersetzt als Torrada (mit Wurst, Käse, Schinken, Anchovis belegt) den Hauptgang. Sehr beliebt: Torrada amb Pernil (mit Schinken).

Hauptgerichte

Bacallà: Stockfisch; in Barcelona steht in fast jedem Restaurant Bacallà a la llauna (mit Paprika, Tomaten, Knoblauchsoße) auf der Karte.

Botifarra: Katalanische Bauernbratwurst, meist mit weißen Bohnen als Botifarra amb Mongetes serviert.

Conill: Kaninchen, gegrillt. Conill amb Ceba mit Knoblauch und Zwiebeln oder a l'Empordanesa, mit Schokoladensoße.

Moixernons: Getrocknete Pilze als Zutat bei Ragouts, Fleisch- oder Stockfischgerichten. Sehr typisch: Fricandó amb Moixernons (Rindfleischragout).

Paella: Reisgericht, ursprünglich aus Valencia. Zahlreiche Varianten: Arròs Negre (mit schwarzem Tintenfischsud), Arròs a Banda, Arròs a la Cazuela.

Pebrots farcits: Gefüllte Paprikaschoten, meist mit Brandada de Bacallà (Stockfischpaste).

Rovellons oder **Girgoles:** Pilze, mit Petersilie und Knoblauch gebraten.

Suquet de peix: Fischeintopf mit Meeresfrüchten, Kartoffeln und Erbsen, Soße aus Öl, Weißwein, Knoblauch, Petersilie und Zwiebeln.

Truites: variantenreiche Omelettes (mit Thunfisch, Gemüse, Käse, Schinken ...).

Desserts

Crema catalana: Karamellisierte Vanillecreme in der typischen braunen Tonschale.

Mató: Ungesalzener Frischkäse, meist mit Honig als Mel i Mató.

Pijama: Dessertmischung aus Speiseeis, Crème Caramel und Dosenfrüchten (Pfirsich oder Ananas).

Postres de Músic: Mandeln, Nüsse und Rosinen in einer Tonschale serviert, dazu ein kleines Glas Moscatel.

Spitzenrestaurants

Casa Calvet, Casp 48 (Metro L1, L4: Urquinaona), Tel. 934 12 40 12. Mediterrane Küche in gastlichen Räumen mit Jugendstilschnörkeln. Das Wohnhaus Casa Calvet gehört zu den weniger bekannten Werken Antoni Gaudís (So geschl.).

Neichel, Beltran i Rotzide 1–5 (Metro L3: Maria Cristina), Tel. 932 03 84 08, www.neichel.es. Eine der besten Speiseadressen Spaniens. Stammgäste des Elsässers Jean Luis Neichel sind Politiker, Bankiers, Opernsänger und Fußballstars. Tischreservierung notwendig (So/Mo geschl.).

Regionale spanische Spezialitäten

Amaya, Rambles 20–24 (Metro L3: Drassanes), Tel. 933 02 10 37. Ungezwungene Atmosphäre, bunt gemischtes Publikum, baskische und katalanische Küche. Spezialitäten sind Meeresfrüchte und Innereien.

Els Pescadors, Plaça Prim 1/Poblenou, (Metro L4: Poblenou), Tel. 932 25 20 18. Moderner und traditioneller Restauranttrakt mit Holzverkleidung und Marmortischen. Spezialität: Salate, Torrades, Botifarra, tgl. frischer Fisch und Meeresfrüchte.

Los Caracoles, Escudellers 14 (Metro L3: Drassanes), Tel. 933 02 31 85. Katalanische Küche in kachelgeschmückten Räumen. Internationales Publikum, anregende Atmosphäre, Musikbegleitung.

Madrid-Barcelona, Aragó 282 (Metro L2, L3, L4: Passeig de Gràcia), Tel. 932 15 70 27. Altertümliche Bar mit Restaurant aus dem Jahre 1939. Serviert wird Hausmannskost: kräftige Suppen, Reisgerichte, Innereien. Dessertspezialität: überbackene Äpfel mit Vanilleeis (So geschl.).

Pitarra, Avinyó 56 (Metro L4: Barceloneta; L3 Drassanes), Tel. 933 01 16 47. Gemütliche Gastlichkeit, aufmerksamer Service und riesige Portionen. Spezialität: Wildgerichte und frische Pilze. Kleines Privatmuseum im ersten Stock, das dem katalanischen Dichter und Theatermann Frederic Soler (genannt Pitarra) gewidmet ist (So geschl.).

Senyor Parellada, Argenteria 37 (Metro L4: Jaume I), Tel. 933 10 50 94. Herr Parelladas Empfehlung sind Anchovis der Costa Brava, Makkaroni des Anwalts Solé, Lammbraten oder diverse Stockfischgerichte. Verlockendes Dessertbuffet. Tisch unbedingt mindestens einen Tag im Voraus reservieren.

Set Portes, Passeig Isabel II 14 (Metro L4: Barceloneta), Tel. 933 19 30 33. Traditionsreiches Speiselokal mit 170-jähriger Geschichte. An den Stuhllehnen blitzen vergoldete Schilder mit Namen wie Pablo Picasso oder Salvador Dalí. Sonntagnachmittag kommen katalanische Familien zu Paella, Buñuelos de Bacalao (Stockfischkrapfen), Fischplatten und der obligatorischen Crema catalana.

Fischrestaurants

Botafumeiro, Gran de Gràcia 81 (Metro L3: Fontana), Tel. 932 18 42 30, Anfang Aug. geschl. Traditionelle galizische Küche, feine Fische und immer frische Meeresfrüchte. Gehobenes Niveau mit entsprechenden Preisen. Empfehlenswert: große Fischplatte für mehrere Personen.

Carballeira, Reina Cristina 3 (Metro L4: Barceloneta), Tel. 933 10 53 92. Versteckt gelegenes Fischrestaurant mit langer Tradition. Köstliche Reisgerichte, kleine Tintenfische und frischer Fisch (So abends und Mo geschl.).

Chicoa, Aribau 71–73 (Bus: 7, 14, 20, 64), Tel. 934 53 11 23. Gutbürgerliches Restaurant mit traditioneller katalanischer Küche. Stockfischgerichte in zehn Varianten. Immer gut besucht (So und Mo abends geschl.).

Gastronomie und Design

El Tragaluz, Passatge de la Concepció 5 (Metro L3, L5: Diagonal), Tel. 934 87 06 21. An den Restaurantwänden ließ Javier Mariscal seine Farbpinsel spielen. Der Akzent liegt ganz auf Design, Gastronomie ist Nebensache. Auch die übrigen Lokale der Kette zeichnen sich durch ihre Ausstattung aus.

Restaurants mit Garten

Bonanova, Sant Gervasi de Cassoles 103 (FGC L7: El Putxet), Tel. 934 17 10 33. Kachelverzierte Speiseräume im Stil der Zeit um 1900 im Erdgeschoss eines Wohnhauses, kühle Terrasse im Innenhof. Katalanische Saisonküche (So abends und Mo geschl.).

El Asador de Aranda, Av. del Tibidabo 31 (FGC L7: Av. Tibidabo), Tel. 934 17 01 15. Imposante Traumvilla, durch Rubió i Bellver auf den Ruinen eines früheren Dominikanerklosters errichtet. Spezialität des Hauses: Lammbraten, nach kastilischer Art im Ofen zubereitet. Als Appetitanreger: Schinken, Wurst und gebratene Paprika. Dessert: Blätterteig mit Vanillecreme – einfach himmlisch! (So abends geschl.).

La Balsa, Infanta Isabel 4 (FGC L7: Av. Tibidabo, Bus: 22, 58), Tel. 932 11 50 48, www.labalsarestaurant.com. Preisgekröntes Kunstwerk der Innenarchitekten Oscar Tusquets und Lluís Clotet. Beliebte Schlemmeradresse der Barceloneser Oberschicht. Im Sommer: begrünte Terrasse. Im Winter: lauschige Atmosphäre wie in einer großen Gartenlaube (So abends und Mo mittags geschl.

La Venta, Plaça Dr. Andreu (Tramvia Blau; Bus: 60, 124, 196), Tel. 932 12 64 55, www.restaurantelaventa.com. Die Perle unter den Gartenrestaurants der Stadt. Man speist unter Palmen, auf halber Höhe des Tibidabo. Im Winter genießt man Kaminfeuer im Jugendstil-Interieur (So geschl.).

Vegetarische Kost

Amaltea, Carrer de la Diputación 164 (Metro L1: Urgell), Tel. 934 54 86 13, www.restaurantamaltea.com. Kreative vegetarische Menüs aus marktfrischen Zutaten (So geschl.).

Agua Passeig Marítim La Barceloneta 30

L'Hortet, Pintor Fortuny 32 (Metro L1, L3: Catalunya), Tel. 933 17 61 89. Täglich wechselnde Mittagsmenüs, Salatbar, vegetarische Burger und Pizza. Do–So auch abends ab 20 Uhr geöffnet.

Preiswerte Lokale

Campechano Merendero, València 286 (Metro L2, L3, L4: Passeig de Gràcia), Tel. 932 15 62 33. Einfaches Grillrestaurant, bei Studenten beliebt. Die Inneneinrichtung (zwischen Jahrmarktdekor und Picknicklandschaft) übertrifft alles.

Can Punyetes, Marià Cubí 189 (Bus: 14, 15, 27, 32, 58, 64), Tel. 932 00 91 59. Lautes Ambiente, immer voll. Junge Leute lassen sich offenen Wein, große Salatteller und Grillgerichte schmecken.

Egipte, Rambles 79 (Metro L3: Liceu), Tel. 933 17 95 45. Schon Pepe Carvalho (Held der Krimis von Manuel Vazquéz Montalbán) ging im ›alten‹ Egipte hinter der Markthalle essen. Heute sitzt man im ›neuen‹ Egipte und lässt sich Spargel-Lachsmousse, gefülltes Huhn und hausgemachte Süßspeisen schmecken.

Les Quinzes Nits, Plaça Reial 6 (Metro L3: Liceu), Tel. 933 17 30 75, www.lesquinzenits.com. Mediterrane Gerichte, serviert in schickem Ambiente. Meist lange Warteschlange, keine Reservierung.

Internationale Küche

Al Passatore Puerto Olimpico, Moll del Gregal 25 (Metro L4: Ciutadella-Vila Olimpica), Tel. 932 212 701. Günstige italienische Gerichte direkt am Hafen.

Brasserie Flo, Jonqueres 10 (Metro L1, L4: Urquinaona), Tel. 933 19 31 02. Großer Belle-Epoque-Saal. Auf der Karte: Austern, Elsässer Sauerkraut, Entenpastete.

Govinda, Plaça Villa de Madrid 4–5 (Metro L1, L3: Catalunya), Tel. 933 18 77 29. Indische und vegetarische Küche (So und Mo abends geschl.).

La Cantina Mexicana, Encarnació 51 (Bus: 39, 55, 114, 116), Tel. 932 10 68 05. Mexikanische Gerichte, Tequila und Liveauftritte im Mariachi-Stil (So geschl.).

La Rosa del Desierto, Plaça Narcís Oller 7 (Metro L3, L5: Diagonal), Tel. 932 37 45 90. Marokkanische Spezialitäten z. B. Cous Cous (So abend und Mo geschl.).

Little Italy, Rec 30 (Metro L4: Jaume I), Tel. 933 19 79 73. Italienisches Designerlokal in ehem. Stockfischfabrik (So geschl.).

Pekín, Rosselló 202 (Metro L3, L5: Diagonal), Tel. 932 15 01 77. Ungewöhnliches China-Restaurant mit postmodernem Dekor.

Yamadori, Aribau 68 (Bus: 7, 14, 64, 68), Tel. 934 53 92 64. Japanisches Restaurant, klein aber fein und immer gut besucht. Reservierung unerlässlich (So geschl.).

Café-Restaurants

TOP TIPP **Laie Llibreria Cafè**, Pau Claris 85 (Metro L1, L2: Universitat), Tel. 933 02 73 10, www.laie.es. Freundliche Bürgerwohnung über der Buchhandlung mit Café-Bar, Tagesmenü, À-la-Carte-Restaurant. Im Sommer Tische im kleinen Kieselsteingarten. Wechselausstellungen, Bücher und Zeitschriften. Nachmittags und abends beliebter Treffpunkt für Gesprächsrunden, mitunter Livemusik (So geschl.).

›Bon Profit!‹ – guten Appetit!

Die **katalanische Küche** ist deftig, fast bäuerlich. Gekocht und gebraten wird mit Olivenöl. Aus Kräutern und Knoblauch, Rosinen, Mandeln und Pinienkernen werden schwere Soßen gerührt. Im Landkreis Empordà entstand die Tradition, süße und salzige Komponenten zu einer Sinfonie unterschiedlicher Geschmacksrichtungen zu vereinen. Ente mit Backpflaumen, Fleisch mit karamellisierten Äpfeln oder Huhn mit Languste sind nur einige der mehr oder weniger gewagten Kreationen. Von bestechender Einfachheit und ein Klassiker der katalanischen Gastronomie ist dagegen das berühmte **Pa amb Tomàquet**, das auf keinem Restauranttisch fehlen darf. Es handelt sich um große Scheiben geröstetes Bauernbrot, das mit Tomate eingerieben, mit Salz bestreut und durch ein paar Tropfen Olivenöl verfeinert wird.

Der Begriff **Cuina de Mercat** (Marktküche) deutet auf frische Produkte aus Meer und Gemüsegarten hin. Vielen bekannten Küchenchefs kann man frühmorgens im Boquería-Markt beim Einkauf begegnen. Aber nicht nur aus der Markthalle kommen die in der Küche verwendeten Produkte. Viele Köche beziehen ihre Waren direkt vom Lande, zum Beispiel Wurstwaren aus Vic, frischen Fisch aus Blanes oder Sekt aus den Kellereien des Penedés.

Weinbars

Die spanischen *Bodegas* sind keine gutbürgerlichen Weinstuben, sondern rustikale Weinkeller mit großen Fässern und umfangreicher Flaschensammlung. Sie dienen in erster Linie dem Weinverkauf. Viele Bodegas besitzen aber auch einen einfachen Schankraum, in dem man im Stehen oder an einfachen Tischen ein Gläschen probieren kann.

La Bodega, Plaça Molina 2 (FGC L7: Plaça Molina), Tel. 932 37 84 34. Weinlokal mit einfachen Marmortischen und großer, dekorativ in Szene gesetzter Auswahl an Weinflaschen. Im Hinterzimmer Restaurant mit kleinem Garten (So geschl.).

La Bodegueta, Rambla de Catalunya 100 (Metro L3, L5: Diagonal), Tel. 932 15 48 94. Beliebter Treff im Geschäftsviertel. Mittags gibt es ein Menü für Büroangestellten aus der Nachbarschaft (So geschl.).

Bierbars und Tapa-Lokale

Barcelona ist keine ausgesprochene Hochburg des typisch spanischen *Tapeo*. Zwar werden in fast jeder Bar einige kulinarische Kleinigkeiten (*Tapas*) angeboten, aber richtiggehende Tapa-Tempel sind eine Ausnahmeerscheinung. Einfache Tapa-Lokale liegen in der Hafengegend, rund um die Straßenzüge Ample und Mercè. Höheren Standard kann man in folgenden Lokalen erwarten:

Casa Fernández, Santaló 46 (Bus: 14, 58, 64), Tel. 932 01 93 08. Gestylter Lagerraum, viele Biersorten, leckere Kleinigkeiten, modisches Publikum.

José Luis, Diagonal 520 (Metro L3, L5: Diagonal), Tel. 932 00 83 12. Mundgerechte Montaditos (Canapés und Minibrötchen), warme Köstlichkeiten als Tapa-Portion. Am langen Tresen kommt man bei Bier oder Wein schnell ins Gespräch.

Pinotxo, (Metro L3: Liceu) Marktbar/Restaurant im Mercat de La Boqueria, vom Haupteingang an den Rambles gleich rechts, Tel. 933 17 17 31. Gutes, reichhaltiges Frühstück für Frühaufsteher oder verspätetes Abendessen für Nachtschwärmer (So geschl.).

Quimet & Quimet, Poeta Cabanyes 25 (Metro L2, L3: Paral.lel), Tel. 934 42 31 42. Empfehlenswert sind vor allem die Tapas mit Käse – die Vielfalt der Variationen ist scheinbar unerschöpflich (So abends, Mo und im Aug. geschl.).

Kaffeehäuser und Granges

Schon früh am Morgen werden in Barcelona die ersten Espressomaschinen eingeschaltet, auf Bar- und Kaffeehaustresen frische Croissants, Ensaïmades, Xuxos und Magdalenes aufgetürmt. Bauarbeiter treffen sich zum ersten Carajillo (schwarzer Kaffee, in dem der kleine Schuss Brandy nur am Duft zu erkennen ist). Zwischen 10 und 11 Uhr drängt ein Heer von Beamten, Bank- und Büroangestellten in die Cafés. Wer es beschaulicher möchte, weicht auf verträumte Literatencafés aus, in denen man, wie in fast allen Kaffeehäusern Barcelonas, bis weit in die Abendstunden verweilen kann.

TOP TIPP **Bar del Pi**, Plaça Sant Josep Oriol 1 (Metro L3: Liceu), Tel. 933 02 21 23, www.bardelpi.com. Berühmte, kleine Bar mit Piano. Im Sommer dient die schöne Plaça vor der Tür den Gästen als Sonnenterrasse.

Bracafé, Casp 2 (Metro L1, L3: Catalunya), Tel. 933 18 52 20. Ausschank von brasilianischem Kaffee mit viel Atmosphäre.

Café de l'Opera, Rambles 74 (Metro L3: Liceu), Tel. 933 17 75 85. Gegenüber der Liceu-Oper, Dekoration im Jugendstil, sehr gemischtes Publikum.

Els Quatre Gats, Montsió 3 (Metro L1, L3: Catalunya), Tel. 933 02 41 40. Historisches Kaffeehaus mit Jugendstil-Interieur. Pablo Picasso gehörte einst zu den Stammgästen [Nr. 34].

Mauri, Rambla de Catalunya 102 (Metro L3, L5: Diagonal), Tel. 932 15 10 20. Heiße Schokolade, Cremetörtchen und Canapés zu stolzen Preisen. Schönes Dekor.

TOP TIPP **Mesón del Café**, Llibreteria 16, (Metro L4: Jaume I), Tel. 933 15 07 54. Winzig klein und immer gut besucht. Verschiedene Kaffeespezialitäten. Eine Kuriosität ist die uralte Espressomaschine (So geschl.).

Eine katalanische Besonderheit sind die **Granges**, Milchgeschäft und Schokoladenausschank in einem, in denen Leckermäuler voll auf ihre Kosten kommen.

Dulcinea, Petritxol 2 (Metro L3: Liceu), Tel. 933 02 68 24. Uralte Granja in der schönsten Gasse der Stadt. Beliebter Halt nach dem Einkaufsbummel. Heiße Schokolade auf Schweizer, französische oder spanische Art (Aug. geschl.).

TOP TIPP **Granja Viader**, Xuclà 4 (Metro L3: Liceu), Tel. 933 18 34 86. Gilt als älteste Granja der Stadt. Blitzblanke

 9. Stock Corte Jugles

1001 Nacht der Meeresfrüchte: die große Fischplatte im Restaurant Botafumeiro

Marmortische. Frischkäse aus eigener Herstellung, Cremespeisen und traumhafte Magdalenes mit Apfelscheiben (Mo vormittags und So geschl.).

Feste und Feiern

Feiertage

Jeden Dezember werden die offiziellen Feiertage für das kommende Jahr bekannt gegeben; Abweichungen sind üblich.

Arbeitsfreie Tage sind *1. Januar* (Neujahr/Any Nou), *6. Januar* (Heilige Drei Könige/Reis), *Karfreitag* (Divendres Sant), *Ostermontag* (Dilluns de Pasqua Florida), *1. Mai* (Tag der Arbeit/Dia del Treball), *Pfingstmontag* (Pasqua Granada), *24. Juni* (Johannisfest/Sant Joan), *11. September* (Nationalfeiertag Kataloniens/La Diada), *24. September* (Fest der Stadtpatronin/Festa de la Mercè), *12. Oktober* (Entdeckung Amerikas/Dia de la Hispanitat), *8. Dezember* (Unbefleckte Empfängnis/Immaculada Concepció), *25. Dezember* (1. Weihnachtsfeiertag/Nadal), *26. Dezember* (Stephanstag/Sant Esteve)

Feste

Auch an Werktagen finden die Barcelonesen oft einen Grund, die Arbeit ruhen zu lassen: Es gibt zahlreiche Heilige zu ehren, Messen zu zelebrieren oder Stadtteilfeste zu organisieren [s. S. 26].

Klima und Reisezeit

Am besten besucht man Barcelona im Frühjahr (Mitte März–Mitte Juni) und Herbst (September–Ende Oktober), da es im Hochsommer extrem heiß wird und viele Sehenswürdigkeiten sowie touristische Einrichtungen geschlossen haben.

Klimadaten Barcelona

Monat	Luft (°C) min./max.	Wasser (°C)	Sonnenstd./Tag	Regentage
Januar	6/13	13	4	5
Februar	7/14	12	5	5
März	9/16	13	6	8
April	11/18	14	7	9
Mai	14/21	16	8	8
Juni	18/25	19	9	6
Juli	20/28	22	10	4
August	21/28	24	8	6
September	19/25	22	6	7
Oktober	15/21	20	6	9
November	11/16	16	5	6
Dezember	8/13	14	4	6

Kultur live

Theater-, Oper-, Konzert-Karten

Die jeweils zuständige Vorverkaufsstelle ist im Veranstaltungskalender der Tageszeitungen oder im Wochenprogramm *(Guía del Ocio)* angegeben. Zentrale Informations- und Vorverkaufsstelle für kulturelle Veranstaltungen ist der **Palau de la Virreina**, Rambles 99 (Metro L3: Liceu), Info-Tel. 933 01 77 75, Ticket-Office Tel. 933 16 11 11. Karten für Rock- und Popkonzerte werden meist in Buchhandlungen, Schallplattengeschäften oder im Verkaufshäuschen an der Ecke Plaça Universitat/Carrer Aribau verkauft.

Oper, Ballett

Gran Teatre del Liceu, Rambles 61 (Metro L3: Liceu), Info-Tel. 934 85 99 13, Ticketreservierung: Tel. 932 74 64 11, www.liceubarcelona.com. Als eines der größten Opernhäuser Europas mit langer Tradition bietet das Liceu Ballettwochen, Opern und Sinfoniekonzerte [Nr. 20].

Palau de la Música Catalana, Sant Francesc de Paula 2 (Metro L1, L4: Urquinaona), Tel. 902 44 28 82, www.palaumusica.org. Prachtvoller Modernisme von Domènech i Montaner. Alle Musikrichtungen. Der Besuch ist ein Erlebnis für Augen und Ohren [Nr. 34].

Theater

Llantiol, Riereta 7 (Metro L3: Liceu), Tel. 933 29 90 09, www.llantiol.com. Unterhaltsame Shows mit Pantomime, Verwandlungskunst und Magie. Das Café-Theater in einer früheren Druckerei diente internationalen Zauberkünstlern und katalanischen Theatergruppen (›Vol Ras‹, ›Tricicle‹) als Sprungbrett.

Mercat de les Flors, Lleida 59 (Metro L1, L3: Espanya), Tel. 934 26 18 75, www.mercatflors.org. Experimentelles und Avantgardistisches im ehem. Blumenmarkt. Zwischendurch auch ein wenig Klassik, Tanz, Musik und einmal im Jahr der Theatermarathon, eine Chance für Nachwuchskünstler. Die Kuppel über der Eingangshalle wurde von Miquel Barceló gestaltet.

Teatre Condal, Paral.lel 91–93 (Metro L2, L3: Paral.lel), Tel. 934 42 31 32/934 42 85 84. www.teatral.net/condal. Musicals, Komödien, Gastspiele von Gruppen aus dem In- und Ausland.

Teatre Lliure, Montseny 47 (Metro L3: Fontana), Tel. 932 28 97 47, www.teatre lliure.com. Seit 1976 bürgt das ›Freie Theater‹ für anspruchsvolle Stücke und fantasievolle Bühnenbilder. Empfehlenswert ist auch das Theater-Restaurant im 1. Stock, im Sommer mit Terrasse.

Teatre Nacional de Catalunya, Plaça de les Arts 1 (Metro L1: Marina), Tel. 933 06 57 40, www.tnc.es. 1997 eingeweihtes Staatstheater.

Villarroel Teatre, Villarroel 87 (Metro L1: Urgell), Tel. 934 51 12 34, www.villarroel teatre.com. Eine der interessantesten Bühnen der Stadt, große Erfolge mit internationalen Stücken.

Puppen- und Kindertheater

Fundació Joan Miró, Plaça Neptú/Parc de Montjuïc (Metro L1, L3: Espanya, Bus: 50, 55), Tel. 934 43 94 70, www.bcn.fjmiro.es. Kindertheater meist Sa 17.30, So 11.30 und 13 Uhr [Nr. 70]

Jove Teatre Regina, Sèneca 22 (Metro L3, L5: Diagonal), Tel. 932 18 15 12, www.jtregina.com. Kinderprogramm: Sa 18, So 12 und 18 Uhr

Konzert

Neben klassischen Konzerten [s. auch Oper, Ballett] und Sinfonien finden Musikliebhaber das ganze Jahr über ein breit gefächertes Angebot an Jazz-Wochen, Flamenco-Festivals, traditioneller oder zeitgenössischer Musik und vielem mehr.

Casa Elizalde, València 302 (Metro L2, L3, L4: Passeig de Gràcia), Tel. 934 88 05 90, www.casaelizalde.com. Weitere Informationen über: Ibercamera, Tel. 933 01 69 43, und Palau de la Virreina, Tel. 933 01 77 75

L'Auditori de Barcelona, Lepaut 150 (Metro L1: Marina/Glòries; L2: Monumental), Tel. 932 47 93 00, www.auditori.org. 1999 eingeweihtes funktionalistisches Konzerthaus von Rafael Moneo mit Sinfoniesaal für 2200 Zuhörer. Beherbergt das Orquestra Simfònica de Barcelona i Nacional de Catalunya (OBC), eine Musikschule sowie seit 2007 das Museu de la Música [s. S. 85].

Sala Cultural Caja Madrid, Plaça de Catalunya 9 (Metro L1, L3: Catalunya), Tel. 933 01 44 94, www.obrasocialcajamadrid.es

Kino

Filmoteca de la Generalitat de Catalunya, Av. de Sarrià 33 (Metro L5: Hospital Clínic), Tel. 934 10 75 90. Tgl. 3 Vorstellungen, So mittag Kinderprogramm

Casablanca, Passeig de Gràcia 115 und Girona 173 (Metro L3, L5: Diagonal), Tel. 934 59 03 26. Ausgezeichnete Streifen aus Frankreich, Italien und Deutschland im Original.

Coliseum, Gran Via de les Corts Catalanes 595 (Metro L1, L3: Catalunya), Tel. 933 17 14 48. Wunderschöner Kinosaal, nur Kassenschlager im Programm.

Maremágnum, Port Vell/Moll d'Espanya (Metro L3: Drassanes), Tel. 902 33 32 31, www.cinesa.es. Kinocenter mit 8 Sälen sowie Imax-Kino im neuen Freizeit- und Einkaufszentrum am alten Hafen. Von der Moll de la Fusta über den Holzsteg Rambla de Mar erreichbar.

Verdi, Verdi 32/Stadtteil Gràcia, (Metro L3: Fontana), Tel. 932 38 78 00. Engagiertes Programmkino mit 5 Sälen. Wochenends 0.30 Uhr Nachtvorstellung.

Galerien

Rund um den Carrer Consell de Cent, zwischen Passeig de Gràcia und Balmes, liegt das traditionelle Viertel der Galeristen. Weitere Galerien haben sich im Carrer de València, de Mallorca und in der Rambla de Catalunya, dazu gesellt. Avantgardistisch und experimentell geht es um die alte Markthalle des Mercat del Born im Viertel La Ribera zu. Infos im Internet: www.artbarcelona.es.

Galeria Carles Taché, Consell de Cent 290 (Metro L2, L3, L4: Passeig de Gràcia), Tel. 934 87 88 36, www.carlestache.com. Preisgekrönte Galerie mit international bekannten spanischen Künstlern (So/Mo geschl.).

Galeria Maeght, Montcada 25 (Metro L4: Barceloneta/Jaume I), Tel. 933 10 42 45, www.maeght.com. Internationale zeitgenössische Kunst (So/Mo geschl.).

Gothsland, Consell de Cent 331 (Metro L2, L3, L4: Passeig de Gràcia), Tel. 934 88 19 22, www.gothsland.com. Viel nationaler und internationaler Jugendstil. Wechselnde Malerei-Ausstellungen (So/Mo geschl.).

Joan Prats, Rambla Catalunya 54 (Metro L2, L3, L4: Passeig de Gràcia), Tel. 932 16 02 84, www.galeriajoanprats.com. Werke katalanischer Maler von Joan Brossa bis Ràfols Casamada in einem ehem. Hutgeschäft.

La Sala Vinçon, Passeig de Gràcia 96 (Metro L3, L5: Diagonal), Tel. 932 15 60 50, www.vincon.com. Designerladen, einst Wohnsitz von Ramón Casas. Im 1. Stock ausgefallene Installationen. Zur Weihnachtszeit bietet der *Hipermerc' Art* (Kunst-Supermarkt) Werke bekannter Künstler und junger Talente zu erschwinglichen Preisen (So geschl.).

Sala Parés, Petritxol 5 (Metro L3: Liceu), Tel. 933 18 70 20, www.salapares.com. Gegründet 1840 – die älteste Galerie der Stadt. Auf zwei Etagen Ausstellungen bekannter spanischer Maler. Gegenüber die ›Galeria Trama‹ (So geschl.).

Nachtleben

Bars

Ein Besuch der neuen Designer-Lokale kommt einer Sightseeing-Tour gleich. Überhaupt sind Barcelonas nächtliche Tummelplätze in erster Linie ›Schauplätze‹ und nur ganz selten Kommunikationsstätten.

Eine Klassifizierung der verschiedenen Nachtbars ist nicht einfach. Viele Etablissements bieten Diskomusik, Liveauftritte, Video- oder Dia-Shows, Billardtische und Restaurantbetrieb unter einem Dach. Wein-, Cocktail- und Champagner-Bars kann man zum Aperitif schon vor dem Abendessen besuchen. In den einschlägigen Tempeln der Nacht geht der Betrieb aber nicht vor Mitternacht los. Das Auffinden der einzelnen Nachtlokale ist alles andere als einfach, denn sie sind über die ganze Stadt verstreut. Nur auf den Straßen Aribau und Balmes stockt Freitag- und Samstagnacht der Verkehr. Ein sicheres Zeichen dafür, dass sich hier ein großer Teil des nächtlichen Zirkus abspielt. Schöne Gartenlokale an den Hängen des Tibidabo bieten in den Sommermonaten eine ideale Alternative zu den verrauchten Bars der Innenstadt.

Boadas, Tallers 1 (Metro L1, L3: Catalunya), Tel. 933 18 88 26. Seit 1933 Treffpunkt von Intellektuellen und Cocktailfans. Schon Ernest Hemingway ging hier ein und aus (So geschl.).

Harlem Jazz Club, Comtessa Sobradiel 8 (Metro L3: Liceu), Tel. 933 10 07 55. Livemusik: Jazz, Brasilianisches oder Tango (So/Mo geschl.).

L'Antiquari de la Plaça del Rei, Veguer 13 (Metro L4: Jaume I), Tel. 933 10 04 35. An der mittelalterlichen Plaça del Rei: Kaffee, Cava und Cocktails, manchmal Livemusik.

La Fira, Provença 171 (Metro L3, L5: Diagonal), Tel. 934 43 80 78. Jahrmarkt-Bar als Alternative zur kühlen Postmoderne: Kettenschaukeln, Spiegelkabinett, Schaukelpferdchen und alte Spielautomaten gehören zum Inventar.

Magarita Blue, Josep Anselm Clavé 6 (Metro L3: Drassanes), Tel. 934 12 54 89, www.margaritablue.com. Szenebar und Tex-Mex-Restaurant.

Merbeyé, Plaça Dr. Andreu 1 (Endstation der Straßenbahnlinie Tramvia Blau, Bus: 60, 124, 196), Tel. 934 17 92 79. Angenehme Gartenterrasse, raschelnde Palmenblätter und in der Ferne die Lichter der Stadt (So geschl.).

Milk, Gignas 21 (Metro L4: Jaume I), Tel. 932 68 09 22, www.milkbarcelona.com. Gemütliche Bar-Lounge mit leckerem, preiswertem Essen und köstlichen Cocktails, dazu Chill-out Musik, Happy Hour tgl. 19–21 Uhr.

TOP TIPP **Mirablau**, Plaça Dr. Andreu 2 (Endstation der Straßenbahnlinie Tramvia Blau, Bus: 60, 124, 196), Tel. 934 18 58 79. Ein Balkon über der Stadt mit fantastischem Blick. Ein Aperitif bei Anbruch der Dunkelheit ist ein unvergessliches Erlebnis.

Miramelindo, Pg. del Born 15 (Metro L4: Barceloneta/Jaume I), Tel. 933 10 37 27.

Design bis spät in die Nacht: Nick Havanna zählt zum Pflichtprogramm einer Pistentour

Gemütliche Bar, im Kolonialstil dekoriert. Publikum aller Altersklassen. Leckere Früchtecocktails, Kuchen und Mousse-Schleckereien.

Nick Havanna, Rosselló 208 (Metro L3, L5: Diagonal), Tel. 932 15 65 91, www.nick havanna.net. Designerbar mit 1980er-Jahre-Flair, ein Werk von Eduard Samsó und ›Muss‹ auf der Pistentour.

Quilombo, Aribau 149 (Bus: 6, 7, 14, 58, 64), Tel. 934 39 54 06. Ein Klassiker unter den Gitarrenbars des Carrer Aribau. Junge Musiker aus Südamerika geben sich die Klinke in die Hand. Das junge spanische Publikum kennt ihre Texte auswendig.

Raval, Doctor Dou 19 (Metro L1, L3: Catalunya), Tel. 933 02 41 33. Schauspieler-Treff in der Altstadt.

Shoko, Passeig Marítim de la Barceloneta 36 (Metro L4: Ciutadella-Vila Olimpica), Tel. 932 18 62 94, www.shoko.biz. Das Restaurant in hippem Feng-Shui Style verwandelt sich zu späterer Stunde zur Tanzfläche, auf der Terrasse mit runden Sofas kann man sich Meeresluft um die Nase wehen lassen.

Torres de Avila, Poble Espanyol/Montjuïc (Metro L1, L3: Espanya), Tel. 934 24 93 09. Sonne, Mond und Sterne sind die Leitmotive dieser Designerbar, bei deren Gestaltung Javier Mariscal und Alfred Arribas ihrer Fantasie freien Lauf ließen. Dachterrasse mit traumhaftem Blick (Do–So).

Velvet, Balmes 161 (Metro L3, L5: Diagonal), Tel. 932 17 67 14. Postmoderner Stil, gemixt mit Musik und Dekorationselementen aus den 1960er-Jahren. Innenausstattung von Alfred Arribas: z. B. Samtvorhänge vor nackten Steinwänden. Die Herrentoilette gilt als Sehenswürdigkeit für Innenarchitekten.

Diskotheken

Bikini, Diagonal 547 (Metro L3: Maria Cristina), Tel. 933 22 08 00, www.bikini bcn.com. Auf zwei Dancefloors wird bei Latinmusic bzw. Rock die Nacht zum Tag, Live-Konzerte (Mi–So).

Carpe Diem Lounge Club, Pg. Marítim 32 (Bus: 10, 36, 45), Tel. 932 24 04 70, www.cdlcbarcelona.com. Im indisch anmutenden Interieur tanzt man zu elektronischen Klängen, von der Terrasse hat man einen schönen Blick aufs Meer.

KGB, Alegre de Dalt 55 (Bus: 39, 55, 92, 114), Tel. 932 10 59 06, www.salakgb.net. Die Abkürzung bedeutet ›Kiosko General de Barcelona‹. Eine alte Fabrikhalle mit postmodernem Interieur, an den kahlen Wänden Kunstwerke junger Maler. Immer wieder Überraschungen: Feste, Modenschauen, Konzerte (Do–Sa).

La Boite, Diagonal 477 (Bus: 6, 7, 14, 27), Tel. 934 19 59 50. Atypische Diskothek mit Kaffeeausschank, kalten Gerichten und Livemusik um Mitternacht.

La Paloma, Tigre 27 (Metro L1, L2: Universitat), Tel. 93 33 17 79 94, www.lapalomabcn.com. In der alten Fabrikhalle wurde einst die Kolumbusstatue gegossen. Seit 1916 tanzt man unter dem großen Kronleuchter, heutzutage neben Salsa und Rumba auch zu House und Techno (Do–So).

Otto Zutz, Lincoln 15 (FGC L7: Plaça Molina), Tel. 932 38 07 22, www.otto zutz.com. Disko für VIPs, Do Livemusik. Wenn es auf dem Mode-, Designer- oder Filmsektor etwas zu feiern gibt, wird das Fest bestimmt nachts im ›Otto‹ beendet. Der richtige ›Look‹ ist Voraussetzung für den Einlass.

Sala Apolo/Nitsa Club, Nou de la Pambla 113 (Metro L2, L3: Paral.lel), Tel. 934 41 40 01, www.sala-apolo.com. Angesagte Parties und Konzerte in einem Tanzsaal aus den 1920er-Jahren.

Tanzsäle

In Barcelona sind Tanzsäle, *salones de baile*, im alten Stil nicht totzukriegen: Tango, Walzer, Foxtrott und Cha-Cha-Cha für jedes Alter.

Dio Club, Calle Perill 10 (Metro L3, L5: Diagonal), Tel. 934 59 05 23, www.dioclub.com. Tanzschule mit öffentlichen Tanzabenden am Wochenende.

Imperator, Còrsega 327 (Metro L3, L5: Diagonal), Tel. 932 37 43 22. Moderner Tanzsaal mit Orchester. Büroangestellte, Verkäuferinnen, Damen und Herren mittleren Alters. Korrekte Kleidung ist vorgeschrieben.

Flamenco und Sevillana-Lokale

El Cordobés, Rambles 35 (Metro L3: Drassanes), Tel. 933 17 57 11, tgl. 20.15 und 22 Uhr. Klassische Flamenco-Show, auf auswärtiges Publikum zugeschnitten.

El Patio Andaluz, Aribau 242 (Bus: 6, 7, 14, 27, 58, 64), Tel. 932 09 33 78. Jede Nacht zwei Flamenco-Shows, Restaurantbetrieb, Tanzfläche.

Los Tarantos, Plaça Reial 17 (Metro L3: Drassanes/Liceu), Tel. 933 19 17 89. Flamenco-Lokal mit anspruchsvollem Liveprogramm, Sänger, Gitarristen und Tänzer aus Andalusien. Gleich nebenan der Jazz-Club Jamboree, der ebenfalls den Gebrüdern Mas i Mas gehört.

Tablao de Carmen, Arcos 9/Poble Espanyol (Metro L1, L3: Espanya), Tel. 933 25 68 95, www.tablaodecarmen.com. Wechselnde Shows mit Stars aus Andalusien (Di–So).

Sport

Barcelona ist eine Stadt der Sportvereine, der privaten Sportklubs und der sportlichen Massenveranstaltungen. Lange Wartelisten, eingeschränkte Öffnungszeiten und hohe Mitgliedsgebühren machen sportliche Betätigung für Auswärtige und Einzelpersonen sehr schwer. Beim **Sportinformationsdienst** (Tel. 934 02 30 00, Mo–Do 8–14.30 und 16–18, Fr 8–14.30 Uhr) der Stadtverwaltung erhält man Auskunft über städtische Einrichtungen.

Fahrradverleih

Bike Tours Barcelona S. L., Esparteria 3 (Metro L4: Jaume I), Tel. 932 68 21 05, www.biketoursbarcelona.com

Fat Tire Bike Tours, Escudellers 48 (Metro L3: Liceu), Tel. 933 01 36 12, www.fattirebiketoursbarcelona.com

Fitnesscenter

DIR Centre de Fitness, Gran de Gràcia 37 (Metro L3, L5: Diagonal; L3 Fontana), Tel. 934 15 55 50, www.dir.cat. Mitgliedschaft für Tage/Wochen möglich.

Fußball

Camp Nou, Heimatstadion des FC Barcelona, Aristides Maillol (Metro L5: Collblanc), Tel. 934 96 36 00, www.fcbarcelo na.com, Karten für Barça-Spiele in der Primera División (spanische Liga) sind einen Monat vor Spieltag im Internet erhältlich.

Golf

Nahe Golfplätze, südlich von Barcelona, sind *Campo de Golf del Prat* (15 km) und *Campo de Golf de Sitges* (40 km), www.barcelonagolf.com.

Schwimmen

Der Großraum Barcelona besitzt eine Küstenlinie von insgesamt 40 km. Drei Viertel davon sind Sandstrände. Empfehlenswerte **Badebuchten** liegen bei den Orten Sitges (südlich) und St. Pol de Mar (nördlich).

Schwimmbäder in Barcelona:

Bernat Picornell, Avinguda del Estadi 30–40 (Metro L1, L3: Espanya), Tel. 934 23 40 41, www.picornell.cat. Ganzjährig auch für Nicht-Mitglieder geöffnet.

Complex Esportiu Municipal Banys Sebastià, Pl. Mar s/n (Bus: 17, 36, 39, 45, 157), Tel. 934 43 00 46, www.cnab.cat. Frei- und Hallenbäder.

Piscina Municipal de Montjuïc, Avinguda de Miramar 31 (Bus: 50, 55, 61), Tel. 934 43 00 46. Freibad, Ende Mai–Aug.

Squash

Fitness Place, Carrer de Vilà i Vilà 50 (Metro L2, L3: Paral.lel), Tel. 934 42 30 95, www.fitness-place.com

Tennis

Club Vall Parc, Ctra. de l'Arrabassada 107-12 (Bus: 119), Tel. 932 12 67 89, www.vallparc.com

Wassersport

El Parc, (Metro L4: El Maresme Forum), www.bcn.cat/parcdelforum, Mai–Okt. tgl. ab 11 Uhr. Badeareal mit Verleih von Kanus, Kajaks, Tauchgeräten, Wasserspielzeug und Angebot von Unterwasser- und Bootsausflügen.

Veranstaltungskalender

März

Rallye Internacional de Coches de Época Barcelona-Sitges, *Oldtimer-Rallye* von Barcelona nach Sitges, www.rallyesitges.com

Carrera Ciudad de Barcelona, *Marathonlauf*, www.barcelona marathon.com

April/Mai

Trofeo Conde de Godó de Tennis, *Tennis-Cup*, www.rctb1899.es

Gran Premio de España, *Großer Preis von Spanien, Formel 1*, Circuit de Catalunya in Montmeló, www.circuitcat.com

August

Trofeo Joan Gamper, *Fußballspiel*, im Estadi Camp Nou des F.C. Barcelona, www.fcbarcelona.com

September

Carrera Atlética de la Mercè, *Volkslauf* anlässlich der Feiern zu Ehren der Schutzpatronin La Mercè

Dezember

Travessia del Port, traditioneller *Schwimmwettbewerb* am 25. Dezember, Durchquerung des Hafenbeckens

Stadtbesichtigung

Stadtrundfahrten

Barcelona Tourist Bus, 1- oder 2-Tagestickets für beliebig viele Fahrten auf drei Buslinien mit 44 Stopps an den wichtigsten Sehenswürdigkeiten der Stadt: Nordroute Rot, Südroute Blau und Forumroute Grün. www.tmb.net

Julia Travel, Ronda Universitat 5 (Metro L1, L2: Universitat), Tel. 933 17 64 54, www.juliatravel.com. Tgl. um 9.45 und 15.30 Uhr starten in der Ronda Universitat 3,5-stündige Bustouren durch die Innenstadt, englischsprachiger Führer, Anmeldung erforderlich. An der Plaça Catalunya halten Hop-on-hop-off-Busse, die Informationen auf Deutsch über Kopfhörer bieten, Ticket beim Busfahrer.

Führungen

Asociación Profesional de Informadores Turísticos de Barcelona (APIT), Plaça Ramon Berenguer el Gran 11 (Metro L4: Jaume I), Tel. 933 19 84 16, www.apit-barcelona.org

Barcelona Guide Bureau (BGB), Via Laietana 54 (Metro L1, L4: Urquinaona), Tel. 932 68 24 22, www.bgb.es

Fahrrad-Touren

Bike Tours Barcelona S. L., Esparteria 3 (Metro L4: Jaume I), Tel. 932 68 21 05, www.biketoursbarcelona.com. 3-stündige Sightseeing-Touren auf Englisch, tgl. 11 sowie zusätzlich April–15. Sept. Fr–Mo 15.30 Uhr, Treffpunkt: Plaça Sant Jaume, vor der Tourist-Information.

Fat Tire Bike Tours, Escudellers 48 (Metro L3: Liceu), Tel. 933 01 36 12, www.fattirebiketoursbarcelona.com. Stadtbesichtigung mit englischsprachigem Führer, Febr.–Mitte Dez. tgl. 11 sowie Mitte April–Okt. tgl. 11 und 16 Uhr, Treffpunkt: Plaça Sant Jaume, Ecke Carrer de Ferran.

Seil-, Straßen- und Zahnradbahnen

Funicular de Montjuïc, Tel. 933 18 70 74, im Sommer Mo–Fr 7.30–22, Sa/So 9–22 Uhr, im Winter Mo–Fr 7.30–20, Sa/So 9–20 Uhr. Drahtseilbahn von der Avinguda Paral.lel auf den Montjuïc.

Funicular del Tibidabo, Tel. 932 11 79 42, www.tibidabo.es. Die Abfahrt der Zahnradbahn auf den Tibidabo und hinunter richtet sich nach den Öffnungszeiten des Vergnügungsparks, meist Mo–Fr 11–17, Sa/So 11–20 Uhr im 30 Min. Takt.

Telefèric de Montjuïc, Tel. 933 18 70 74, tgl. 10–18 Uhr. Drahtseilbahn auf dem Montjuïc: von der Bergstation der Zahnradbahn bis zur Festung (Museu Militar).

Tramvia Blau, Tel. 933 18 70 74, Sa/So/Fei 10–18 Uhr. Liebenswerte alte Straßenbahn zwischen der Plaça J. F. Kennedy und der Talstation der Zahnradbahn, auf halber Höhe des Tibidabo.

Transbordador Aeri, Tel. 932 25 27 18, tgl. 11–19 Uhr. Gondelbahn vom Montjuïc über den Hafen bis Barceloneta, Bergstation: neben Café Miramar, Talstationen: 1. Torre Sant Jaume und 2. Torre Sant Sebastià (Barceloneta).

Aussichtspunkte

Montjuïc

Ab der Plaça Espanya (Metro L1, L3: Espanya): zu Fuß bzw. über Rolltreppen oder mit dem Bus 61; ab Av. Paral.lel (Metro L2, L3: Paral.lel): Funicular de Montjuïc (Zahnradbahn). Der 213 m hohe Stadtberg bietet zahlreiche Aussichtspunkte. Vom Mirador del Migdia genießt man den besten Blick auf die Olympiaanlagen. TOP TIPP Auf der anderen Seite des Berges erschließt sich vom **Restaurante Miramar** (Carretera Miramar 40, Tel. 934 43 66 27, So abends und Mo geschl.) aus das herrliche Panorama des Hafenbeckens und der Innenstadt.

Monument a Colom

Am Ende der Rambles (Hafen) (Metro L3: Drassanes), Tel. 933 02 52 24, Mai–Sept. tgl. 9–20.30, Okt.–April tgl. 10–18.30 Uhr. Ca. 60 m Höhe, Fahrstuhl zur Aussichtsplattform, Blick über Rambles und Altstadt [Nr. 22].

Tibidabo

Der 512 m hohe Berg ist Teil des Collserola-Höhenzugs, der die Stadt im Nordwesten begrenzt. Bereits auf halber Höhe, dort, wo die Straßenbahnlinie Tramvia Blau endet, ist der Blick auf die Stadt fantastisch. Bis zur Bergspitze (Kirche, Vergnügungspark) führt eine Zahnradbahn (s. o.). Die Kuppe des Tibidabo wird seit TOP TIPP 1992 vom 288 m hohen **Torre de Collserola** (Tel. 932 11 79 42, www.torredecollserola.com, Mi–So 12–14 und 15.30–17 Uhr) überragt. Der Funkturm entstand nach Plänen des britischen Architekten Sir Norman Foster. Die verglaste Besucherplattform liegt auf 115 m Höhe – 560 m über dem Meeresspiegel.

Aquarium

L'Aquarium, Moll d'Espanya del Port Vell (Metro L3: Drassanes), Tel. 932 21 74 74, www.aquariumbcn.com, Juli/Aug. tgl. 9.30–23, Juni, Sept. tgl. 9.30–21.30, Okt.–Mai Mo–Fr 9.30–21, Sa/So 9.30–21.30 Uhr. Größtes Aquarium Europas mit 21 Wassertanks, in denen Bewohner des Mittelmeers und aus tropischen Gefilden leben. Hauptattraktion ist das riesige **Ozeanarium** mit Haien und 4000 anderen Fischen.

Zoo

Parc Zoologic, Parc de la Ciutadella (Metro L4: Barceloneta), Tel. 932 25 67 80, www.zoobarcelona.com, Juni–Sept. 10–19 Uhr, März–Mai/Okt. 10–18 Uhr, Nov–Febr. 10–17 Uhr.

Font Màgica

Av. de Reina Maria Cristina (Metro L1, L3: Espanya). Der große Springbrunnen unterhalb des Palau Nacional am Montjuïc, ein Werk des katalanischen Architekten Carles Buïgas, bietet sehenswerte Lichtwasserspiele.

Ausflugsziele

TOP TIPP **Cadaqués:** versteckte Sommerfrische am Cabo Creus, 170 km nördlich von Barcelona, Künstlertreffpunkt, zahlreiche Galerien und ausgezeichnete Restaurants. Anreise: Autobahn AP7 oder Nationalstraße NII bis Figueres, dann Landstraße C260, Busse ab Estació d'Autobusos de Barcelona Nord (Metro L1: Arc de Triomf). Tourist-Information: Tel. 972 25 83 15

Figueres: Hauptstadt des Landkreises Alt Empordà, 140 km nördlich von Barcelona. Sehenswert: das Teartre-Museu Dalí (Tel. 972 67 75 00, www.salvador-dali.org) des katalanischen Malers Salvador Dalí und das Spielzeugmuseum (Tel. 972 50 45 85, www.mjc-figueres.net). Anreise: Autobahn AP7/E15 Richtung La Jonquera, Ausfahrt 4 Figueres; Züge ab Bahnhof Sants oder Passeig de Gràcia. Tourist-Information: Tel. 972 50 31 55

TOP TIPP **Girona:** Provinzhauptstadt mit 90 000 Einwohnern, ca. 100 km nördlich von Barcelona. Sehenswerte Altstadt: Judenviertel, Kathedrale, Kirchen, Museen, Stadtmauer. Anreise: AP7/E15 Richtung La Jonquera, Ausfahrt 8 Aeropuerto, dann NII Richtung Girona. Tourist-Information: Tel. 972 22 65 75

Montserrat – Pilgerstätte und Felsentürme

Etwa 70 km nordwestlich von Barcelona ragt jäh eine wilde, 5 km breite Felslandschaft aus der Ebene, die im Alttertiär aus Kalk- und Sedimentgestein entstanden ist. Wind und Wasser schliffen und nagten Jahrtausende an dem rund 1200 m hohen **Gebirgsstock**, bis seine Felsentürme ihr heutiges bizarres Aussehen erhalten hatten.

Die Legende erzählt von der wunderbaren Auffindung einer schwarzen **Madonnenstatue** (12. Jh.) in diesem Gebirge. Hirten sollen von einem herrlichen Lichtschein und himmlischen Klängen zu einer Höhle geführt worden sein, in der sie die hölzerne Marienskulptur fanden. Christen, die in der Unzugänglichkeit des Montserrat Schutz vor den Mauren gesucht hatten, hätten die angeblich vom Apostel Lukas geformte Madonna dort versteckt. Man meldete dem zuständigen Bischof den Fund, doch als sich die Statue nicht von der Stelle bewegen ließ, errichtete man um sie herum eine Kapelle.

Sicher ist, dass der Berg sehr früh bewohnt war, es wurden Tonscherben aus der Neusteinzeit und Gräber der Iberer gefunden. Christliche Eremiten hausten in der Einsamkeit des Berges, und schon zur Zeit der Westgoten stand dort wohl eine **Marienkapelle**. Im Jahr 1025 gründete Oliva, Abt der mächtigen Benediktinerabtei Ripoll in den Pyrenäen, am Montserrat ein Tochterkloster. Bald musste ein größerer Neubau errichtet werden, dessen romanisches Portal heute im rechten Teil des Kreuzgangs vor der Basilika aufgestellt ist. Im 12. und 13. Jh. wuchs das Kloster zusehends, 1409 wurde es von Ripoll unabhängig. Die Pilger nach Santiago de Compostela und die Expansion des katalanisch-aragonischen Königreiches hatten den Ruf seines wundertätigen Gnadenbildes weit über die Landesgrenzen hinaus verbreitet. Neben Santiago de Compostela und Guadalupe ist die Schwarze Madonna vom Montserrat – ›La Moreneta‹ (die kleine Dunkle), wie die Figur ihrer Farbe wegen liebevoll genannt wird – Spaniens bedeutendstes **Wallfahrtsziel**.

Eine herausragende Rolle spielte das Kloster in der Renaixença, der katalanischen Nationalbewegung des 19. Jh. 1881 erhob Papst Leo XIII. ›Unsere Liebe Frau vom Montserrat‹ zur Schutzheiligen Kataloniens. Während der Francodiktatur durften nur Benediktiner am Montserrat unbehelligt Katalanisch als Schriftsprache verwenden. Die Gelehrsamkeit seiner Mönche machte das Kloster zu einem kulturellen und geistigen Zentrum.

Eine Besichtigung der zwischen steil abfallenden Felswänden liegenden **Klosteranlage** (Tel. 938777777, www.montserratvisita.com, tgl. 7–19.30 Uhr) mag Architekturinteressierte ein wenig enttäuschen: 1811 hatten die Truppen Napolenons den im Mittelalter stetig gewachsenen Komplex zerstört, woraufhin man ihn im 19. Jh. durch eine allzu glatte Rekonstruktion ersetzte.

Allemal sehenswert sind neben der Schwarzen Madonna aber das **Bibelmuseum** (tgl. 10–17.30 Uhr), in seinem Reichtum einzigartig in Spanien, und die **Gemäldegalerie** (tgl. 10–17.30 Uhr).

Montserrat: bedeutendes Benediktinerkloster (Kirche tgl. 7–19.30, Museen tgl. 10–17.30 Uhr) und beeindruckendes Bergmassiv (Wanderwege), ca. 70 km nordwestlich von Barcelona. Anreise: Autobahn AP7 Richtung Tarragona/Lleida (Ausfahrt 25), Züge der *Ferrocarrils de la Generalitat de Catalunya* (FGC) stdl. ab Plaça d'Espanya, Tel. 932 377 156, www.fgc.net, Bus: Tagesausflüge z. B. mit Julia Travel [s. S. 126], tgl. 9.30 Uhr. Tourist-Information: Tel. 938 777 777, www.montserratvisita.com [s. S. 128].

Sant Sadurní d'Anoia: 44 km südlich von Barcelona, wichtiges Weinanbaugebiet und Zentrum der katalanischen Schaumweinkellereien (Las Cavas). Besichtigung verschiedener Betriebe (mit Führung) ist möglich. Einer der größten und schönsten ist Cavas Codorníu (Tel. 938 18 32 32). In der Nähe liegt Vilafranca del Penedés, Hauptstadt der Region. Sehenswert: Jugendstilhäuser im Zentrum, Weinmuseum (Tel. 938 90 05 82, Di–Sa 10–14 und 16–19 Uhr, So 10–14 Uhr). Anreise: AP7/E15 Richtung Lleida/Tarragona (Ausfahrt 27), Züge ab Bahnhof Sants. Tourist-Information Vilafranca: Tel. 938 92 03 58

Sitges: lieblicher Badeort mit weißen Häusern, sehenswerten Museen und vielseitigem Veranstaltungsprogramm (Filmfestival, Oldtimerrallye, Theatertage), 37 km südlich von Barcelona an der Costa de Garraf. Anreise: Autovía de Castelldelfels (C31) oder Autopista de Pau Casals (C32), Züge ab Bahnhof Passeig de Gràcia oder Sants. Tourist-Information: Tel. 938 94 50 04

Tossa de Mar: Sommerfrische an der Costa Brava 85 km nordwestlich von Barcelona mit römischen Siedlungsresten, mittelalterlicher Stadtmauer, Kieselstrand und exzellenten Restaurants. Anreise: C32 bis Ausfahrt Tossa, dann Beschilderung folgen, Busse ab Estació del Nord (Metro L1: Arc de Triomf), Tourist-Information: Tel. 972 34 01 08

Statistik

Bedeutung: Barcelona ist Hauptstadt der *Comunitat Autónoma de Catalunya* und Sitz der Autonomen Landesregierung Kataloniens (*Generalitat*). Zweitgrößte Stadt Spaniens. Älteste Industriestadt des Landes. Erzbistum.

Lage: 41° 24' 42" nördlicher Breite, 2° 7' 42" östlicher Länge. Höhe bis 512 m ü. d. M. (Tibidabo).

Wirtschaft: Bedeutender Mittelmeerhafen, Textil-, Metall-, Pharmaindustrie. Produktionsstätte von Seat und Nissan. Seit 2000 Erstarken des Dienstleistungssektors, Ansiedlung von Biotech-Firmen.

Einwohner: Stadt: 1,6 Mio., Großraum: 4,5 Mio., Katalonien: ca. 7 Mio.

Stadtgebiet: 100 km²

Grünzonen: 844 ha

Hafen: 829 ha, Liegeplätze 20 km (größter Hafen am Mittelmeer)

Küstenlinie: 13,2 km

Stadtwappen: Kreuz der Kathedrale sowie die rot-gelben Querstreifen der Grafen von Barcelona

Unterkunft

Eine offizielle Zimmervermittlung gibt es in Barcelona nicht. Die Tourismusämter [s. S. 112] halten jedoch Hotellisten bereit und geben Orientierungshilfe. In den Monaten April/Mai und Okt./Nov. machen Messen und Sportveranstaltungen eine frühzeitige Reservierung empfehlenswert. Nur in der Nebensaison (Hochsommer, Weihnachtszeit und Wochenende) gibt es Sondertarife.

Albergue juvenil

Jugendherbergen, auch für Erwachsene. Informationen bei **Xanascat**, Rocafort 116–122 (Bus: 27, 41, 43, 44, 109), Tel. 934 83 83 41, www.xanascat.com

Albergue Studio, Carrer Duquessa d'Orleans 56 (FGC L6: Reina Elisenda), Tel. 932 05 09 61 (Juli–Sept. geöffnet)

Pere Tarrés, Numància 149–151 (Metro L3: Les Corts), Tel. 934 10 23 09, www.peretarres.org/alberg

Verge de Montserrat, Passeig de la Marce de Déu del Coll 41–51 (Metro L3: Vallcarca), Tel. 932 10 51 51

Unabhängige Hostels

Hostal Gat Raval, Joaquín Costa, 44 (Metro L2: Sant Antoni), Tel. 934 81 66 70, Fax 933 42 66 97, www.gataccommodation.com. Besonders schick eingerichtetes Hostel mit Blick auf das Museu d'Art Contemporani.

Hostal Gat Xino, Calle Hospital 149–155 (Metro L2, L3: Paral.lel), Tel. 933 24 88 33, Fax 933 24 88 34, www.gataccommodation.com. Auch dieses Hostel der Kette ist empfehlenswert, es liegt in unmittelbarer Nähe der Rambles.

Hostal Levante, Baixada de Sant Miquel 2 (Metro L4: Jaume I.), Tel. 933 17 95 65, Fax 935 50 44 41, www.hostallevante.com. Einfach ausgestattete Zimmer, manche ohne Bad. Dafür recht preiswert und mitten im Barri Gòtic.

Hotels ***** (Luxus)

TOP TIPP **Claris**, Pau Claris 150 (Metro L2, L3, L4: Passeig de Gràcia), Tel. 934 87 62 62, Fax 932 15 79 70, www.slh.com/claris. Nobelherberge im ehem. Palast der Grafen von Vedruna (19. Jh.). Konzeption durch die Star-Architekten Bohigas, Mackay und Martorell. Edle Ausstattung (Teak, Marmor, Kupfer). 124 Maisonette-Zimmer (Suiten) für höchste Ansprüche. Fitnesscenter mit Pool. Friseur, Garten, Garage.

Hotel Arts, Carrer Marina 19–21 (Metro L4: Ciutadella-Vila Olímpica), Tel. 932 21 10 00, Fax 932 21 10 70, www.ritzcarlton.com. Das Haus der Kategorie Grand Luxe gehört zur Ritz-Carlton-Hotelkette und liegt direkt am Sandstrand des Olympischen Dorfes. Von den oberen Etagen ist der Blick atemberaubend.

Ritz (Husa Palace), Gran Via de les Corts Catalanes 668 (Metro L1, L3: Catalunya; L1, L4: Urquinaona), Tel. 935 10 11 30, Fax 933 18 01 48, www.ritz-barcelona.com. Luxusherberge mit Tradition. Seit 1919 residieren hier Spitzenpolitiker, Weltstars und andere, die es sich leisten können.

Hotels *****

Le Meridien Barcelona, Rambles 111 (Metro L3: Liceu), Tel. 933 18 62 00, Fax 933 01 77 76, www.meridienbarcelona.com. Bevorzugte Herberge von Opernsängern, Pop- und Rockstars. Executive-Etagen für anspruchsvolle Geschäftsleute, Businesscenter mit PC, Fax, Büro- und Übersetzungsdienst.

Hotels ****

Colón, Av. Catedral 7 (Metro L1, L4: Urquinaona), Tel. 933 01 14 04, Fax 933 17 29 15, www.hotelcolon.es. Gemütliches Haus im alten Stil, freundlicher Service und behagliche Aufenthaltsräume. Bei Filmteams und Journalisten sehr beliebt. Zimmer mit Blick auf die Kathedrale buchen!

TOP TIPP **Condes de Barcelona**, Passeig de Gràcia 73–75 (Metro L3, L5: Diagonal), Tel. 934 45 00 00, Fax 934 45 32 32, www.condesdebarcelona.com. Das Hotel in der Casa Enric Batlló zählt zu den schönsten der Stadt. Alle Zimmer im Art-Déco-Stil. Die Suite ›Gaudí‹ mit rundem Erkerfenster ist den Aufpreis wert. Sonnenterrasse und Fitnesscenter im Dachgeschoss.

Gran Hotel Havana, Gran Via de les Corts Catalanes 647 (Metro L1, L4: Urquinaona), Tel. 934 12 11 15, Fax 933 41 70 01, www.granhotelhavana.com. Hotel-Palast mit besonders freundlichem Service. Alle Zimmer mit Internet-Zugang, einige mit privater Dachterrasse. In der Empfangshalle: kleine Bibliothek mit Barcelona-Büchern. Fitnesscenter, exzellentes Restaurant ›Gran Place‹.

Hotel 1898, Rambla dels Estudis 109, Tel. 935 52 95 52, Fax 935 52 95 50, www.hotel1898.com. Exzellentes Hotel in zentraler Lage. Das moderne Design der Zimmer zitiert den Kolonialstil. Die Dachterrasse bietet fantastische Blicke über die Stadt.

Regente, Rambla de Catalunya 76 (Metro L3, L5: Diagonal), Tel. 934 87 59 89, Fax 934 87 32 27, www.hcchotels.es. Ehemaliges Wohnhaus im Stil des Modernisme von Domènech i Montaner. Von der Dachterrasse mit Bar und Pool hat man eine schöne Aussicht.

TOP TIPP **Rivoli Ramblas**, Rambla dels Estudis 128 (Metro L1, L3: Catalunya), Tel. 934 81 76 76, Fax 933 17 50 53, www.rivolihotels.com. Art-Déco-Hotel, gestaltet vom einheimischen Architekten Alberto Esquerdo, der deutschen Innenarchitektin Camilla Hamm und dem katalanischen Maler Perico Pastor. Schöne Eingangshalle mit Designermöbeln und angeschlossener Piano-Cocktail-Bar.

Die Dachterrasse bietet einen Rundblick über die Altstadt. Fitnesscenter im Haus.

St. Moritz, Diputació 264 (Metro L2, L3, L4: Passeig de Gràcia), Tel. 934 12 15 00, Fax 934 12 12 36, www.hcchotels.es. Zentral gelegenes Hotel der neuen Generation. Freundliche Empfangshalle, angenehme Bar und Gartenterrasse. 92 geräumige Zimmer, besonders ruhig zum hellen Innenhof. Parkgarage im Haus.

Hotels ***

Atlantis, Carrer Pelai 20 (Metro L1, L2: Universitat; L1, L3: Catalunya), Tel. 933 18 90 12, Fax 934 12 09 14, www.hotelatlantis-bcn.com. Haus mit Designertouch. Zimmer und Badezimmer sind klein, aber fein, die Dekoration ist eine Freude für Augenmenschen. Suite Nr. 306 bietet 5-Sterne-Luxus mit runder Badewanne zum Entspannen vom Stadtbummel.

Gravina, Gravina 12 (Metro L1, L2: Universitat; L1, L3: Catalunya), Tel. 933 01 68 68, Fax 933 17 28 38, www.grupotelgravina.com. Zentral und ruhig gelegen. Aufmerksamer Service. Moderne, helle Zimmer mit kleinen Extras.

Reding, Gravina 5–7 (Metro L1, L2: Universitat; L1, L3: Catalunya), Tel. 934 12 10 97, Fax 932 68 34 82, www.hotelreding.com. 44-Zimmer-Haus aus dem Jahre 1990. Große Räume, teils mit Terrasse zum Innenhof. Klimaanlage, Farbfernseher, Telefon, Schreibtisch und Minibar. Preiswertes Restaurant (Frühstücksbuffet) und Bar im Erdgeschoss.

Regencia Colón, Sagristans 13–17 (Metro L1, L4: Urquinaona), Tel. 933 18 98 58, Fax 933 17 28 22, www.hotelregenciacolon.com. Freundliche Zimmer mit Blümchen-Dekoration. Bevorzugtes Hotel von Messebesuchern und Fototeams. Frühzeitige Reservierung unbedingt empfohlen!

Hotels **

Paral.lel, Poeta Cabanyes 5 (Metro L2, L3: Paral.lel), Tel. 933 29 11 04, Fax 934 42 16 56, www.nnhotels.es. Nettes Hotel mit modern ausgestatteten Zimmern, besonders ruhig zum hellen Innenhof. Günstige Lage, Garage gleich gegenüber.

Vía Augusta, Vía Augusta 63 (FGC S1, S2, S5, L7: Gràcia), Tel. 932 17 92 50, Fax 934 19 57 41, www.hotelviaaugusta.com. Die 55 Zimmer liegen auf den obersten 4 Stockwerken des privaten Wohnhauses. Zweckmäßige Einrichtung. Große Dachterrasse mit schönem Ausblick. Hübsches Foyer.

Hotels *

Oasis, Plaça del Palau 17 (Metro L4: Barceloneta), Tel. 933 19 43 96, Fax 933 10 48 74, www.hoteloasisbarcelona.com. 105-Zimmer-Haus neben dem Bahnhof Estació de França, Blick auf die Hafenpromenade Moll de la Fusta. La Ribera und Barceloneta liegen vor der Tür. Zweckmäßige Zimmer mit Bad und Telefon.

Peninsular, Sant Pau 34 (Metro L3: Liceu), Tel. 933 02 31 38, Fax 934 12 36 99, www.hpeninsular.com. Einfache, aber wunderschöne, bei jungen Leuten beliebte Jugendstilherberge im Barrio Chino mit bezauberndem Lichtschacht und begrüntem Innenhof. Zimmerausstattung (mit oder ohne Bad) schlicht, aber sauber. Frühzeitige Reservierung empfehlenswert!

Verkehrsmittel

Bahn

Im Sommer fahren **Funicular** und **Telefèric**, Seil- bzw. Zahnradbahn, auf Tibidabo und Montjuïc. Schöne Fahrten bieten auch die Gondelbahn **Transbordador Aero** (Montjuïc – Barceloneta) sowie die Straßenbahn **Tramvia Blau** auf den Tibidabo [s. S. 127]. Über das gesamte Nahverkehrsnetz informiert die Internetseite www.tmb.net.

Bus

Ein dichtes **Busnetz** stellt die Verbindung mit allen Stadt- und Außenbezirken sicher. Fahrscheine werden beim Fahrer gelöst oder als verbilligte Zehnerkarten an den Metroschaltern gekauft.

Es gibt folgende Sonderlinien:

Der **Tombbus** (www.emt-amb.com), ein tiefblauer Shoppingbus, geht von der Plaça Catalunya durch die Geschäftsstraßen zur Plaça Pius XII an der Diagonal.

Nachts verkehren 14 **Nit-Bus-Linien** (www.emt-amb.com), die ihren Ausgangs- und Endpunkt an der Plaça Catalunya haben.

Der **Aerobus** (www.emt-amb.com) fährt ab Plaça Catalunya/Ecke Passeig de Gràcia alle 15 Min. zum Flughafen El Prat. Fahrtzeit ca. 30 Min, www.emt-amb.com

U-Bahn

Die **Metro** ist das schnellste und preiswerteste Verkehrsmittel der Stadt (www.tmb.net). Sie verkehrt Mo–Do 5–24, Fr/Sa 5–2, So 6–24 Uhr. Einzeltickets werden am Schalter verkauft. Einige Metrostationen besitzen nur Ticketautomaten (Wechselgeld bereithalten!). Zehnerkarten (T-10) sind deutlich günstiger, bei mehreren Fahrten täglich lohnt sich der Kauf eines Tagestickets (T-Día). Alle Informationsstellen verkaufen die 1–5 Tage gültige *Barcelona Card* [s. S. 112].

Schiff

Acciona Trasmediterránea, Abfahrt am Terminal Moll de Sant Bertran, Tel. 902 45 46 45, www.trasmediterranea.es. Fähren zwischen Barcelona und Mallorca, Menorca und Ibiza.

Golondrinas, Tel. 934 42 31 06, www.lasgolondrinas.com. Pendeldienst zwischen der Moll de la Fusta, dem Rom-peolas (der äußeren Hafenbeckenbegrenzung) und dem Port Olímpic. Beliebtes Sonntagsvergnügen der Barcelonesen, für Touristen als Mini-

Hafenrundfahrt zu empfehlen. Im Sommer tgl. 11.30–19.30, Juli/Aug. bis 21 Uhr, im Winter: Sa/So 11.30–18.30 Uhr.

Mietwagen

Für Mitglieder bietet die **ADAC Autovermietung GmbH** günstige Konditionen. Buchungen über die jeweiligen ADAC-Geschäftsstellen oder unter Tel. 018 05/ 31 81 81 (0,14 €/Anruf). In der Ankunftshalle des Flughafens sowie in Barcelona selbst sind nationale und internationale Autovermietungen vertreten.

Im Innenstadtbereich sind **Parkplätze** rar und teuer. Die Parkuhren der ›blauen Zonen‹ erlauben maximal 90 Minuten. Daher empfiehlt sich die Benutzung einer der zahlreichen Tiefgaragen; Leuchttafeln lotsen zu den freien Plätzen.

Taxi

Wenn ein Taxi frei ist, leuchtet auf dem Dach ein grünes Licht oder an der Windschutzscheibe ist das Schild ›Lliure‹ oder ›Libre‹ herunter geklappt. Je nach Tageszeit, Wochentag und Zonen gibt es verschiedene Tarife. Zuschläge gibt es für telefonische Vorbestellung, für Fahrten von/zum Flughafen (vom Hotel aus ist die Beförderung teurer) sowie für die Mitnahme von großen Gepäckstücken oder Hunden.

Sprachführer

Spanisch und Katalanisch für die Reise

Das Wichtigste in Kürze

	Spanisch (Kastilisch)	Katalanisch
Ja/Nein	*sí/no*	*sí/no*
Bitte/Danke	*por favor/gracias*	*si us plau/gràcies*
Entschuldigung!	*¡perdón!/¡perdone!*	*disculpi!/disculpa!*
Können Sie mir bitte helfen?	*¿Puede ayudarme, por favor?*	*Pot ajudar-me, si us pla*
Das gefällt mir (nicht).	*(No) Me gusta.*	*(No) M'agrada.*
Ich möchte ...	*Quisiera ...*	*Voldria ...*
Haben Sie ...?	*¿Tiene usted ...?*	*Té ...?*
Wie viel kostet das?	*¿Cuánto cuesta?*	*Quant és?*
Kann ich mit Kreditkarte bezahlen?	*¿Puedo pagar con la tarjeta de crédito?*	*Puc pagar amb targeta de crèdit?*
Wie viel Uhr ist es?	*¿Qué hora es?*	*Quina hora és?*
Guten Morgen!/Guten Tag!	*¡Buenos días!*	*Bon dia!*
Guten Abend!/Gute Nacht!	*¡Buenas tardes!/¡Buenas noches!*	*Bona tarda!/Bona nit!*
Hallo!/Grüß dich!	*¡Hola!/¿Qué tal?*	*Hola/Què hi ha?*
Wie ist Ihr Name, bitte?	*¿Cómo se llama usted, por favor?*	*Com es diu, si us plau?*

Wochentage

Montag	*lunes*	*dilluns*
Dienstag	*martes*	*dimarts*
Mittwoch	*miércoles*	*dimecres*
Donnerstag	*jueves*	*dijous*
Freitag	*viernes*	*divendres*
Samstag	*sábado*	*disabte*
Sonntag	*domingo*	*diumenge*

Monate

Januar	*enero*	*gener*
Februar	*febrero*	*febrer*
März	*marzo*	*març*
April	*abril*	*april*
Mai	*mayo*	*maig*
Juni	*junio*	*juny*
Juli	*julio*	*juliol*
August	*agosto*	*agost*
September	*septiembre*	*setembre*
Oktober	*octubre*	*octubre*
November	*noviembre*	*novembre*
Dezember	*diciembre*	*desembre*

Zahlen

0	*cero*	*zero*
1	*uno*	*un/una*
2	*dos*	*dos/dues*
3	*tres*	*tres*
4	*cuatro*	*quatre*
5	*cinco*	*cinc*
6	*seis*	*sis*
7	*siete*	*set*
8	*ocho*	*vuit*
9	*nueve*	*nou*
10	*diez*	*deu*
11	*once*	*onze*
12	*doce*	*dotze*
13	*trece*	*tretze*
14	*catorce*	*catorze*
15	*quince*	*quinze*
16	*dieciséis*	*setze*
17	*diecisiete*	*disset*
18	*dieciocho*	*divuit*
19	*diecinueve*	*dinou*
20	*veint*	*vint*
21	*veintiuno, -a*	*vint-i-un*
22	*veintidós*	*vint-i-dos*
30	*treinta*	*trenta*
40	*cuarenta*	*quaranta*
50	*cincuenta*	*cinquanta*
60	*sesenta*	*seixanta*
70	*setenta*	*setanta*
80	*ochenta*	*vuitanta*
90	*noventa*	*noranta*
100	*cien, ciento*	*cent*
101	*ciento uno*	*cent un*
200	*doscientos, -as*	*dos-cents*
300	*trescientos,-as*	*tres-cents*
400	*cuatrocientos,-as*	*quatre-cents*
500	*quinientos,-as*	*cinc-cents*
600	*seiscientos,-as*	*sis-cents*
700	*setecientos, -as*	*set-cents*
800	*ochocientos, -as*	*vuit-cents*
900	*novecientos, -as*	*nou-cents*
1000	*mil*	*mil*
2000	*dos mil*	*dos mil*
10 000	*diez mil*	*deu mil*
1 000 000	*un millón*	*un milió*
¼	*un cuarto*	*un quart*
½	*medio*	*mig*

Mein Name ist …	*Me llamo …*	*Em dic …*
Wie geht es Ihnen?	*¿Qué tal está usted?*	*Com està?*
Auf Wiedersehen!/Tschüs!	*¡Adiós!/¡Hasta luego!*	*Adéu-siau!/Adéu!*
Bis morgen!	*¡Hasta mañana!*	*Fins demà!*
gestern/heute/morgen	*ayer/hoy/mañana*	*ahir/avui/demà*
am Vormittag/am Nachmittag	*por la mañana/por la tarde*	*al matí/a la tarda*
am Abend/in der Nacht	*por la tarde/por la noche*	*a la tarda/a la nit*
um 1 Uhr/2 Uhr …	*a la una/a les dos …*	*a la una/a les dos ...*
um … Uhr 30	*a la/las … y media*	*dos quarts de …*
Minute(n)/Stunde(n)	*minuto(s)/hora(s)*	*minut(s)/hora (hores)*
Tag(e)/Woche(n)	*día(s)/semana(s)*	*dia (dies)/setmana (setmanes)*
Monat(e)/Jahr(e)	*mes(es)/año(s)*	*mes(os)/any(s)*

Unterwegs

Nord/Süd/West/Ost	*norte/sur/oeste/este*	*nord/sud/oest/est*
oben/unten	*arriba/abajo*	*amunt/avall*
geöffnet/geschlossen	*abierto/cerrado*	*obert/tancat*
geradeaus/links/ rechts/zurück	*derecho/ a la izquierda/ a la derecha/ atrás*	*tot dret/ a l'esquerra/ a la dreta/enrera*
nah/weit	*cerca/lejos*	*prop/lluny*
Wie weit ist das?	*¿A qué distancia está?*	*És molt lluny això?*
Wo sind die Toiletten?	*¿Dónde están los aseos?*	*On es el lavabo?*
Wo ist der Flughafen/ der Fährhafen/ eine Polizeidienststelle?	*¿Dónde está el aeropuerto/ el puerto/ una policía?*	*On és l'aeroport/ el port/ una policia?*
Wo finde ich … eine Bäckerei/ ein Lebensmittelgeschäft/ den Markt?	*¿Dónde encuentro una panadería/ un supermercado/ el mercado?*	*On hi ha per aquí … un forn/una fleca un supermercat/ el mercat?*
Ist das der Weg/ die Straße nach …?	*¿Es este el camino/ la carretera a …?*	*És aquest el cami per …/ És aquesta la carretera a ?*
Ich möchte mit … dem Zug/dem Bus/ der Fähre/dem Flugzeug nach … fahren.	*Quisiera ir en ... tren/autobús/ ferry/avión a …*	*Voldria anar amb … tren/autobús/autocar/ ferry/avió a …*
Ich möchte eine Anzeige erstatten.	*Quisiera hacer una denuncia.*	*Voldria fer una denúncia.*

Hinweise zur Aussprache – Spanisch und Katalanisch

c	vor ›a, o, u‹ wie ›k‹, z. B.: casa, caja vor ›e‹ und ›i‹ ähnlich dem englischen ›th‹, z. B.: gracias, cinc
ch	wie ›tsch‹, z. B.: leche
g	vor ›e‹ und ›i‹ wie ›ch‹, z. B.: gente
gue, gui	wie ›ge, gi‹, z. B.: guiso, pague
h	ist immer stumm
j	wie ›ch‹, z. B.: jamón
ll	zwischen Vokalen wie ›lj‹ z. B.: tortilla, llum
ñ	wie ›nj‹, z. B.: niño
que, qui	wie ›ke, ki‹, z. B.: queso, quiero, porque
s	vor ›b, d, g, l, m, n‹ weiches ›s‹, z. B.: isla, sonst immer scharfes ›s‹
v	wie ›b‹, z. B.: via, vino
z	ähnlich dem englischen ›th‹, z. B.: tenaz

Besonderheiten des Katalanischen

ç	wie scharfes ›s‹, z. B.: França, dolços
g	vor ›e‹ und ›i‹ wie in Garage, z. B.: coratge
j	wie ›g‹ in Garage, z. B.: menjar
ny	wie ›gn‹ in ›Champagner‹, z. B.: Catalunya
s	am Anfang und Ende des Wortes scharfes ›s‹, z. B.: sis, vas, seda zwischen zwei Vokalen weiches ›s‹, z. B.: ase
ss	zwischen zwei Vokalen scharfes ›s‹, z. B passa
x	wie ›sch‹, z. B.: caixa
z	wie weiches ›s‹, z. B.: onze, setze

Man hat mir ... Geld/die Tasche/ die Papiere/die Schlüssel/ den Fotoapparat/ den Koffer gestohlen.	*Me han robado ... el dinero/el bolso/ los documentos/las llaves/ la cámara fotógrafica/ la maleta.*	*M'han robat ... els diners/la cartera/ la documentació/les claus/ l'aparell fotogràfic/ la maleta.*

Bank, Post Telefon

Wo ist die (der) nächste ... Telefonzelle/ Bank/Post/ Geldautomat?	*¿Dónde está ... la cabina telefónica/ el banco/el correo/ el cajero automático más cerca?*	*On hi ha per aquí prop ... una cabina telefònica/ un banc/un correu/ un caixer automàtic?*
Brauchen Sie meinen Ausweis?	*¿Necesita mi documento de identidad?*	*Necessita el meu carnet d'identitat?*
Haben Sie ... Telefonkarten/Briefmarken?	*¿Tiene Usted ... tarjetas de teléfono/sellos?*	*Té targetes ... de telèfon/segells?*

Tankstelle

Wo ist die nächste Tankstelle?	*¿Dónde está la estación de servicio más cercana?*	*On és la benzinera més propera?*
Ich möchte ... Liter ... Super/Diesel/ bleifrei.	*Quisiera ... litros de ... gasolina super/diesel/ gasolina sin plomo.*	*Voldria ... litres de ... gasolina/super/diesel/ sense plom.*
Volltanken, bitte!	*¡Lleno, por favor!*	*Ple, si us plau!*
Bitte prüfen Sie ... den Reifendruck/ den Ölstand/ die Batterie.	*Controle, por favor ... la presión de los neumáticos/ el nivel del aceite/ la batería.*	*Controli, si us plau ... la pressió dels pneumàtics/ el nivell de l'oli/ la bateria.*

Panne

Ich habe eine Panne.	*Tengo una avería.*	*Tinc una avaria.*
Der Motor startet nicht.	*El motor no arranca.*	*El cotxe no s'engega.*
Ich habe kein Benzin.	*No tengo gasolina.*	*No tinc gasolina.*
Gibt es hier in der Nähe eine Werkstatt?	*¿Hay algún taller por aquí cerca?*	*On hi ha per aqui aprop un taller?*
Können Sie mir einen Abschleppwagen schicken?	*¿Puede enviarme una grua?*	*Pot enviar-me una grua?*
Können Sie den Wagen reparieren?	*¿Puede repara el coche?*	*Pot reparar-me el cotxe?*
Bis wann ist er fertig?	*¿Cuándo estará listo?*	*Quant tardaran a arreglar el cotxe?*

Mietwagen

Ich möchte ein Auto mieten.	*Quisiera alquilar un coche.*	*Voldria llogar un cotxe.*
Was kostet die Miete ... pro Tag/pro Woche/ mit unbegrenzter km-Zahl/ mit Kaskoversicherung/ mit Kaution?	*¿Cuánto cuesta el alquiler ... por día/por semana/ con kilometraje ilimitado/ con seguro a todo riesgo/ con depósito?*	*Quant costa el lloguer ... per dia/per setmana/ amb quilometratge ilimitat/ amb assegurança a tot risc/ amb dipòsit?*
Wo kann ich den Wagen zurückgeben?	*¿Dónde puedo devolver el coche?*	*On puc tornar el cotxe?*

Unfall

Hilfe!	*¡Ayuda!/¡Socorro!*	*Ajuda!*
Achtung!/Vorsicht!	*¡Atención!/¡Cuidado!*	*Compte!*
Rufen Sie bitte schnell ... einen Krankenwagen/ die Polizei/die Feuerwehr.	*Por favor, llame en seguida ... una ambulancia/ a la policía/a los bomberos.*	*Truqui, si us plau de pressa ... a una ambulància/ a la policia/als bombers.*
Es war (nicht) meine Schuld.	*(No) Ha sido por mi culpa.*	*(No) Ha estat culpa meva.*
Ich brauche die Angaben zu Ihrer Autoversicherung.	*Necesito los datos de su seguro.*	*Necessito les dades de la seva assegurança seguro.*
Geben Sie mir bitte Ihren Namen und Ihre Adresse.	*¿Puede usted darme su nombre y dirección, por favor?*	*Pot donar-me el seu nom i la seva adreça, si us plau?*

Krankheit

Können Sie mir einen Arzt/Zahnarzt empfehlen?	*¿Puede recomendarme un médico/dentista?*	*Pot recomanar-me un metge/un dentista?*
Wann hat er Sprechstunde?	*¿A qué hora tiene su consulta?*	*Quines hores visita?*
Wo ist die nächste Apotheke?	*¿Dónde está la farmacia más próxima?*	*Hi ha alguna farmàcia prop d'aqui?*
Ich brauche ein Mittel gegen …	*Necesito un medicamento contra …*	*Necessito un medicament contra ...*
Durchfall/Fieber/ Insektenstiche/ Kopfschmerzen/ Verstopfung/ Zahnschmerzen.	*la diarrea/la fiebre/ las picaduras de insectos/ los dolores de cabeza/ el estreñimiento/ el dolor de muelas.*	*la diarrea/la febre/ les picades d'insectes/ el mal de cap/ el restrenyiment/ el mal de queixal.*

Im Hotel

Können Sie mir bitte ein Hotel empfehlen?	*¿Podría recomendarme un hotel, por favor?*	*Pot recomanar-me un hotel, si us plau?*
Ich habe bei Ihnen ein Zimmer reserviert.	*He reservado aquí una habitación.*	*Tinc una habitació reservada al seu hotel.*
Haben Sie …	*¿Tiene usted una …*	*Té una …*
ein Einzel-/Doppelzimmer …	*habitación individual/doble …*	*habitació individual/ doble …*
mit Dusche/mit Bad/WC	*con ducha/con baño/WC*	*amb dutxa/amb bany/WC*
für eine Nacht/eine Woche?	*para una noche/una semana?*	*per una nit/una setmana?*
Was kostet das Zimmer mit …	*¿Cuánto cuesta la habitación con …*	*Quant val l'habitació amb …*
Frühstück/Halbpension?	*desayuno/media pensión?*	*esmorzar/mitja pensió?*

Im Restaurant

Wo gibt es ein gutes, günstiges Restaurant?	*¿Dónde hay un buen restaurante económico?*	*Hi ha algun restaurat bo i econòmic prop d'aquí?*
Welches Gericht können Sie besonders empfehlen?	*¿Qué plato puede usted recomendarme?*	*Què em recomana?*
Die Speisekarte, bitte.	*¡La carta, por favor!*	*Em pot portar la llista de plats, si us plau?*
Die Rechnung, bitte!	*¡La cuenta, por favor!*	*El compte, si us plau!*

Essen und Trinken

Apfel	*manzana*	*poma*
Aubergine	*berenjena*	*albergínia*
Banane	*plátano*	*plàtan*
Bier	*cerveza*	*cervesa*
Brot/Brötchen	*pan/panecillo*	*pa/panet*
Butter	*mantequilla*	*mantega*
Ei	*huevo*	*ou*
Eintopf	*cocido*	*escudella*
Eiscreme	*helado*	*gelat*
Espresso	*café solo*	*cafè*
Espresso mit etwas Milch	*cortado*	*tallat*
Essig	*vinagre*	*vinagrè*
Fisch	*pescado*	*peix*
Fleisch	*carne*	*carn*
Gemüse	*verdura*	*verdura*
Huhn	*pollo*	*pollastre*
Hummer	*bogavante*	*llamàntol*
Kaninchen	*conejo*	*conill*
Kartoffeln	*patatas*	*patates*
Käse	*queso*	*formatge*
Lammfleisch	*cordero*	*xai*
Meeresfrüchte	*mariscos*	*marisc*
Milch	*leche*	*llet*
Milchkaffee	*café con leche*	*cafè amb llet*
Nachspeisen	*postres*	*postres*
Oliven	*aceitunas*	*olives*
Olivenöl	*aceite de oliva*	*oli d'oliva*
Orange	*naranja*	*taronja*
Pfeffer	*pimienta*	*pebre*
Pilze	*setas*	*bolets*
Reis	*arroz*	*arròs*
Rindfleisch	*carne de ternera*	*carn de vedella*
Salat	*ensalada*	*amanida*
Salz	*sal*	*sal*
Schinken (roh)	*jamón serrano*	*pernil serrà*
Schweinefleisch	*carne de cerdo*	*carn de porc*
Suppe	*sopa*	*sopa*
Vorspeisen	*entremeses*	*entremès*
Wassermelone	*sandía*	*sindria*
Wein	*vino …*	*vi ...*
Weiß-/ Rot-/ Rosé-Wein	*blanco/ tinto/ rosado*	*blanc/ negre/ rosat*
Weintrauben	*uvas*	*raim*
Zucker	*azúcar*	*sucre*

ADAC Reiseführer – die besten, die wir je gemacht haben.

144 bzw. 192 Seiten, je Band 6,50 € (D), 6,70 € (A), 12,– sFr.

Ägypten
Algarve
Allgäu
Amsterdam
Andalusien
Australien
Bali & Lombok
Baltikum
Barcelona
Berlin
Bodensee
Brandenburg
Brasilien
Bretagne
Budapest
Bulg. Schwarzmeerküste
Burgund
City Guide Deutschland
City Guide Germany
Costa Brava & Costa Daurada
Côte d'Azur
Dänemark
Dominikanische Republik
Dresden
Dubai, Vereinigte Arabische Emirate, Oman
Elsass
Emilia Romagna
Florenz
Florida
Franz. Atlantikküste
Fuerteventura
Gardasee
Golf von Neapel
Gran Canaria
Hamburg
Harz
Hongkong & Macau
Ibiza & Formentera
Irland
Israel
Italienische Adria
Italienische Riviera
Jamaika
Kalifornien
Kanada – Der Osten
Kanada – Der Westen
Karibik
Kenia
Korfu & Ionische Inseln
Kreta
Kuba
Kroatische Küste – Dalmatien
Kroatische Küste – Istrien & Kvarner Golf
Kykladen
Lanzarote
Leipzig
London
Madeira
Mallorca
Malta
Marokko
Mauritius & Rodrigues
Mecklenburg-Vorpommern
Mexiko
München
Neuengland
Neuseeland
New York
Niederlande
Norwegen
Oberbayern
Österreich
Paris
Peloponnes
Piemont, Lombardei, Valle d'Aosta
Polen
Portugal
Prag
Provence
Rhodos
Rom
Rügen, Hiddensee, Stralsund
Salzburg
Sardinien
Schleswig-Holstein
Schottland
Schwarzwald
Schweden
Schweiz
Sizilien
Spanien
St. Petersburg
Südafrika
Südengland
Südtirol
Sylt
Teneriffa
Tessin
Thailand
Toskana
Türkei – Südküste
Türkei – Westküste
Tunesien
Umbrien
Ungarn
USA – Südstaaten
USA – Südwest
Usedom
Venedig
Venetien & Friaul
Wien
Zypern

Weitere Titel in Vorbereitung.

ADAC Reiseführer Jubiläumsbände – Maxi-Umfang! Mini-Preis!

348 bzw. 450 Seiten, je Band 9,95 € (D), 10,25 € (A), 17,50 sFr.

Deutschland
Freizeitparadies Alpen
Italien

ADAC Reiseführer plus – Top-Reiseführer mit perfekten Urlaubskarten.

144 bzw. 192 Seiten, je Band 8,95 € (D), 9,20 € (A), 16,80 sFr.

Ägypten
Allgäu
Amsterdam
Andalusien
Australien 8/2008
Baltikum
Barcelona
Berlin
Berlin (engl.)
Bodensee
Brandenburg
Budapest
Côte d'Azur
Dänemark
Deutschland – Die schönsten Autotouren
Dresden
Dubai 8/2008
Elsass 8/2008
Französische Atlantikküste
Fuerteventura
Gardasee
Gran Canaria
Golf von Neapel
Hamburg
Harz
Irland
Italienische Adria
Italienische Riviera
Kanada – Der Westen
Kanada – Der Osten
Kenia
Korfu/Ionische Inseln
Kreta
Kuba
Kroatische Küste – Dalmatien
Kroatische Küste – Istrien & Kvarner Golf
Leipzig
London
Madeira
Mallorca
Malta
Mecklenburg-Vorpommern
München
New York
Norwegen
Oberbayern
Österreich
Paris
Polen
Portugal
Prag
Rhodos
Rom
Rügen, Hiddensee, Stralsund
Salzburg
Sardinien
Schleswig-Holstein
Schwarzwald
Schweden
Schweiz
Sizilien
St. Petersburg
Südtirol
Südengland
Sylt
Teneriffa
Thailand 8/2008
Toskana
Tunesien
Türkei – Südküste
Türkei – Westküste
Usedom
Venedig
Wien
Zypern

Weitere Titel in Vorbereitung.

ADAC Reiseführer Audio – umfassende Information und einzigartiges Hörerlebnis.

144 bzw. 192 Seiten, mit TourSet auf CD, 9,95 € (D), 10,25 € (A), 17,50 sFr.

Barcelona 8/2008
Berlin
Dresden
Hamburg
London 8/2008
München
New York 8/2008
Paris 8/2008
Rom
Wien

Weitere Titel in Vorbereitung.

Register

A

B

C

D

E

F

G

H

I

J

Impressum

Redaktionsleitung: Dr. Dagmar Walden
Lektorat, Bildredaktion: Astrid Rohmfeld
Aktualisierung: Christian Noß, Cornelia Hübler
Karten: Computerkartographie Carrle, München
Herstellung: Martina Baur
Druck, Bindung: Stürtz GmbH, Würzburg
Printed in Germany

Ansprechpartner für den Anzeigenverkauf:
Kommunalverlag GmbH & Co KG,
MediaCenterMünchen, Tel. 089/92 80 96-44

ISBN 978-3-89905-427-9
ISBN 978-3-89905-269-5 Reiseführer Plus

Gedruckt auf chlorfrei gebleichtem Papier

Neu bearbeitete Auflage 2008

Bildnachweis

Umschlag-Vorderseite: La Sagrada Família. Foto: Look, München (Jürgen Richter)
Umschlag-Vorderseite Reiseführer Plus: Barcelona-Panorama mit Sagrada Família. Foto: Laif, Köln (Maurizio Borghese)

Titelseite
Oben: Die mondäne Uferpromenade des Port Olímpic (Wh. von S. 69)
Mitte: Die modernistische Dachlandschaft des Palau Güell (Wh. von S. 46)
Unten: Die Moll d'Espanya mit dem Einkaufszentrum Maremagnum (Wh. von S. 59)

AKG, Berlin: 94 – Archiv E & B, Berlin: 144 (Schuster/Schiller) – DIZ, München: 13 (2), 14 (2), 15 (oben) – drumlin freie fotografen, Bad Waldsee: 20, 27, 57 oben, 64, 71, 97 (Ernst Fesseler) – Hartmuth Friedrichsmeier, Hamburg: 54, 83, 110 oben rechts (Scope/Pascale Desclos), 86 (Scope/Jean-Luc Barde), 102 (Friedrichsmeier) – Huber, Garmisch-Partenkirchen: 9 (Gräfenhain), 19 (Massimo), 86 (Wh. v. 9), 92/93, 128 (Gräfenhain) – Ifa-Bilderteam, München: 79 (Fufy), 81 oben (Hollweck), 85 (Nok-Photo), 100 (Age) – Laif, Köln: 2, 5 (Gonzalez), 7 unten (Fechner), 10 unten (Gonzalez), 11 Mitte (Wim Van Capellen), 11 unten (Knechtel), 16/17, 28 oben, 29, 33, 42 oben links, 44, 46 unten, 62, 81 unten, 101 oben, 129 (Gonzalez) – Knut Liese, Ottobrunn: 84 – Look, München: 7 oben (Martini), 11 oben, 95 (Richter) – Mauritius, Mittenwald: 50 (AGE), 59 unten (Poehlmann), 58 unten (Torino), 65 (AGE), 66 (Raga), 80 (AGE), 98 (Poehlmann), 99, 106 (AGE) – Schapowalow, Hamburg: 6/7 (Heaton), 8 (2) (Atlantide) – Martin Thomas, Aachen: 5, 10 oben, 38, 47, 89, 104, 107, 110 unten rechts – TMB, Barcelona: 132/133 – Ullstein, Berlin: 15 unten (Ulmer) – Thomas Peter Widmann, Regensburg: 21, 35, 40, 48 oben, 49, 57 unten, 60, 67, 74, 77 oben, 88, 110 oben links, 110 Mitte rechts, 110 unten links – Ernst Wrba, Sulzbach am Taunus: 23, 24, 25, 28 unten, 30, 31, 34, 37, 39, 42 oben rechts, 42 Mitte, 42 unten (2), 43, 44/45, 46 oben, 48 unten, 53, 59, 63, 68, 69 (2), 70, 72, 73, 77 unten, 90, 101 unten, 103, 110 Mitte links, 121

Für Ihren Urlaub: Die Reisemagazine vom ADAC.

Alle zwei Monate neu.

www.adac.de/shop

1 Tag in Barcelona

Tauchen Sie ein in den Erlebnisboulevard der berühmten **Rambles** und entdecken Sie von hier die **gotische Altstadt** mit schluchtenengen Gassen und mit stimmungsvollen Plätzen, mit **La**

Catedral und dem ehrwürdigen **Palau Reial Major** auf der **Plaça del Rei**.

Schauen Sie noch beim **Museu Picasso** vorbei, bevor Sie wieder den Rambles folgen, hinunter bis zur **Kolumbussäule** am Meer, wo mitten im Hafen die Freizeitinsel Maremàgnum mit Geschäften, Lokalen und einem der größten Aquarien Europas schwimmt. Gelegenheiten zum Mittagessen finden Sie rings um den Hafen genug. Lassen Sie sich am Nachmittag von den verrückten Bauten der **Neustadt** (Eixample) verzaubern. Lebensnerv dieses Viertels ist der **Passeig de Gràcia** mit den berühmtesten Jugendstilhäusern der Stadt und mit Boutiquen, die Designermode bieten. Dann geht es weiter zu Antoni Gaudís weltbekannter Kirche **La Sagrada Família** und in den ebenfalls von dem berühmten Jugendstil-Architekten gestalteten märchenhaften **Parc Güell**. Schließlich Fernblicke vom **Tibidabo** aus und später ein Streifzug durch die schrillsten Diskotheken der Stadt.

1 Wochenende in Barcelona

Freitag: Morgens bummeln Sie durch einen der aufregenden Märkte wie den **Mercat de la Boqueria** an der Rambla de Sant Josep oder den **Mercat de Sant Antoni**, besuchen dann den bezaubernden Kreuzgang von **Sant Pau del Camp** und kosten schließlich noch vom quirligen Leben an den **Rambles**.

Den Rest des Tages verbringen Sie auf dem Montjuïc, der neben faszinierenden Blicken auf Stadt und Meer auch bedeutende Museen bietet, z. B. das **Museu Nacional d'Art de Catalunya** mit seinen romanischen Kostbarkeiten. Auf keinen Fall dürfen Sie die knallbunten Skulpturen in der **Fundació Joan Miró** versäumen. Hier legen Sie am besten auch eine Verschnaufpause bei Wein, Kaffee oder einem kleinen Imbiss ein, bevor Sie das Miniaturdorf **Poble Espanyol** besichtigen.

Samstag: Bei schönem Wetter lohnt ein Ausflug ins Umland, zum **Montserrat**, dem zweitwichtigsten Wallfahrtsort Spaniens in einem bizarren Felsmassiv. Nach der Rückkehr in die Stadt ist am Nachmittag ein Besuch der **Fundació Antoni Tàpies**, die Werke eines der bekanntesten zeitgenössischen Künstler zeigt, zu empfehlen. Mit der Zahnradbahn geht es anschließend hinauf auf den **Tibi-**

dabo, um in der Dämmerung das Lichtermeer der Stadt zu bestaunen. Abends genießt man einen Aperitif am Flanierstreifen **Moll de la Fusta** und Fischspezialitäten in **Barceloneta**.

Sonntag: Durchstreifen Sie vormittags das **Barri Gòtic**, die gotische Altstadt. Vor der Kathedrale wird mittags **Sardana** getanzt – Fremde dürfen mitmachen! Den Besuch des **Museu Picasso** verbinden Sie mit einem Mittagessen im kleinen Museumsrestaurant.

Nachmittags spazieren Sie dann auf dem vornehmen Boulevard **Passeig de Gràcia** und entdecken hier die schönsten Jugendstilpaläste Barcelonas und elegante Schaufenster. Ein Muss ist natürlich Gaudís Kirche **La Sagrada Família**. Abschließende Höhepunkte sind ein Konzert im prächtigen **Palau de la Música Catalana** mit anschließendem Diner. Nehmen Sie bei einem Glas Wein auf der Plaça Reial Abschied von Barcelona.